PLUS DE FEMMES EN POLITIQUE !

LÉA CHAMBONCEL

PLUS DE FEMMES EN POLITIQUE !

belfond

Éditions Belfond,
92, avenue de France, 75013 Paris.
Pour le Canada,
Interforum Canada, Inc.,
1055, bd René-Lévesque-Est,
Bureau 1100,
Montréal, Québec, H2L 4S5.

ISBN : 978-2-7144-9598-3
Dépôt légal : mars 2022

Belfond | un département **place des éditeurs**

place
des
éditeurs

Aux femmes !

Liste des personnes interviewées

1. Aurélia Andreu, militante socialiste
2. Emma Antropoli, adjointe au maire socialiste du Pré-Saint-Gervais
3. Aurélie Assouline, adjointe Les Républicains au maire du 17e arrondissement de Paris
4. Manon Aubry, eurodéputée La France insoumise
5. Clémentine Barbier, élue départementale de Côte-d'Or
6. Zerrin Bataray, conseillère régionale Génération·s Auvergne-Rhône-Alpes
7. Nadine Bellurot, sénatrice Les Républicains de l'Indre
8. Jeanne-Laure Beury, collaboratrice parlementaire et ancienne élue municipale Les Républicains à Troyes
9. Laurence Biava, militante LREM
10. Hélène Bidard, adjointe communiste à la Mairie de Paris, en charge de l'égalité femmes-hommes, de la jeunesse et de l'éducation populaire
11. Habiba Bigdade, déléguée départementale de la Gauche républicaine et socialiste
12. Yaël Braun-Pivet, députée LREM des Yvelines
13. Céline Calvez, députée LREM des Hauts-de-Seine
14. Émilie Cariou, députée ex-LREM de la Meuse

15. Martine Chantecaille, conseillère municipale et communautaire La Roche-sur-Yon
16. Marie Colson, militante socialiste
17. Claudine Cordani, militante EELV
18. Bérangère Couillard, députée LREM de Gironde
19. Aminata Coulibaly-M'Bengue, militante Génération·s
20. Édith Cresson, ancienne Première ministre socialiste
21. Madeline Da Silva, adjointe au maire aux Lilas
22. Clémence Dollé, ancienne membre du bureau national de l'Unef, militante EELV et membre de l'équipe de campagne de Sandrine Rousseau
23. Frédérique Dumas, députée Libertés & Territoires des Hauts-de-Seine
24. Frédérique Dutreuil, conseillère municipale, Groupe écologiste de Paris (GEP)
25. Léa Engamba, conseillère nationale Les Jeunes avec Macron
26. Nadia Essayan, députée Modem du Cher
27. Diana Filippova, conseillère de la maire de Paris, cofondatrice de Place publique
28. Paula Forteza, députée ex-LREM des Français de l'étranger
39. Nelly Garnier, conseillère régionale Les Républicains en Île-de-France et conseillère de Paris
30. Fanny Hattery, ancienne militante socialiste
31. Caroline Janvier, députée LREM du Loiret
32. Andréa Kiss, maire Génération·s du Haillan et vice-présidente de Bordeaux Métropole
33. Fiona Lazaar, députée apparentée LREM du Val-d'Oise
34. Lauren Lolo, élue municipale à Fosses
35. Zoé Lorioux-Chevalier, conseillère municipale Génération·s à Poitiers

36. Marie Luccioni, référente LREM pour la Corse et conseillère municipale à Pietrosella
37. Florie Marie, porte-parole du Parti pirate
38. Nesrine Mechkar, coordinatrice des Jeunes Génération·s à Lyon
39. Sorayah Mechtouh, conseillère régionale Génération·s en Île-de-France
40. Julie Nicolas, élue EELV à Lille
41. Delphine O, ancienne députée LREM de Paris, ambassadrice
42. Danièle Obono, députée La France insoumise de Paris
43. Clémence Pajot, directrice générale de la Fédération nationale des centres d'information pour les droits des femmes et des familles
44. Mathilde Panot, députée La France insoumise
45. Valérie Petit, députée Agir du Nord
46. Claire Pitollat, députée LREM des Bouches-du-Rhône
47. Olivia Polski, adjointe socialiste à la maire de Paris en charge du commerce, de l'artisanat, des professions libérales et des métiers d'art et de mode
48. Cathy Racon-Bouzon, députée LREM des Bouches-du-Rhône
49. Isabelle Rakoff, conseillère communautaire et municipale socialiste à Clamart
50. Pauline Rapilly-Ferniot, élue municipale EELV à Boulogne
51. Marie-Pierre Rixain, députée LREM de l'Essonne
52. Johanna Roquet, militante EELV
53. Laurence Rossignol, sénatrice socialiste de l'Oise, ancienne ministre des Droits des femmes
54. Sandrine Rousseau, finaliste à la primaire EELV
55. Jill-Maud Royer, responsable des outils numériques pour La France insoumise

56. Judith Shan, conseillère municipale socialiste à Boulogne-Billancourt
57. Elli Tessier, responsable national EELV commission énergie, membre de l'équipe de Sandrine Rousseau
58. Marisol Touraine, ancienne ministre socialiste des Affaires sociales et de la Santé
59. Léna Van Nieuwenhuyse, collaboratrice du groupe Majorité régionale Républicains et Indépendants dans les Hauts-de-France

Avant-propos

J'avais à peu près 15 ans quand j'ai commencé à me passionner pour la politique. Je lisais tout ce que je pouvais sur ce sujet et m'intéressais surtout aux différentes formes de gouvernance et à l'exercice du pouvoir. J'étais obsédée par la pauvreté et les inégalités, je les combattais dès que je le pouvais.

En 2002, deux événements politiques majeurs ont marqué mon engagement. Le premier a été l'élection présidentielle lors de laquelle Jean-Marie Le Pen a accédé au second tour face à Jacques Chirac. J'avais 16 ans, donc je ne pouvais pas encore voter. J'ai ressenti une frustration insoutenable. Pour signifier mon désaccord, j'ai manifesté tous les jours pendant l'entre-deux-tours. Le second a été l'élection de Luiz Inácio Lula da Silva (dit Lula) le 27 octobre 2002 au Brésil, où je résidais alors. J'ai suivi avec énormément d'enthousiasme la campagne présidentielle opposant le candidat socialiste à José Serra, ancien ministre de Fernando Henrique Cardoso, qui dirigeait le pays depuis 1995.

Je me souviens des chars qui défilaient dans les rues avec une sono de fortune tandis que les soutiens du futur président scandaient son nom et appelaient les passants à voter « numéro treize », celui attribué au candidat Lula pour cette élection. Au Brésil, les électrices et les électeurs peuvent soit inscrire un nom ou un numéro, soit choisir parmi des photos de candidats.

C'était une période extraordinaire. J'avais l'impression d'être plongée en plein carnaval : de la musique, des gens qui dansaient dans les rues, des drapeaux, des goodies aux couleurs et aux numéros des candidats. Une euphorie indescriptible et un espoir immense animaient les membres du Parti des travailleurs. Ils et elles sentaient que la victoire était possible. Et que la démocratie pouvait enfin porter son nom : le peuple votait et il était représenté. Je me disais que l'on pouvait entrevoir une forme de gouvernance plus juste et plus collective.

Lorsque les résultats ont été proclamés et que Lula est devenu le 35e président du Brésil, le pays a connu un moment de joie et d'optimisme exceptionnel. Un terrible contraste avec le climat morose et inquiétant lors de l'élection présidentielle en France, quelques mois auparavant. Cette expérience et cette ferveur populaire ont profondément marqué ma vision de la politique. La révolution se faisait aussi par les urnes, le peuple brésilien l'avait prouvé en élisant un ancien syndicaliste à la tête de son pays.

De retour en France, j'ai décidé de m'engager en politique et, avec une amie, on a commencé à fréquenter les réunions de section du Parti socialiste. On se retrouvait le samedi matin pour aller tracter sur les marchés et boire un petit verre avec les membres de la section. C'était convivial, mais ça ne correspondait pas tout à fait à ce que j'avais imaginé de l'engagement politique. C'était un peu froid et lisse, ça manquait de cette fameuse ferveur. J'ai déserté les réunions de section, sans pour autant cesser de m'intéresser à la vie politique. À cette époque, je lisais religieusement *Le Nouvel Observateur* et *L'Express*. Je pouvais assouvir ma soif de connaissance et d'analyses mais je n'y voyais que très peu de femmes et encore moins de jeunes. Dans le ton comme dans la forme, rien ne m'était destiné. Les articles étaient entrecoupés de publicités pour du whisky irlandais, des montres et des SUV. Des tennismen tirés à quatre épingles, un homme sur un voilier, le regard perdu au loin, sa main ferme sur le gouvernail et des slogans du genre « À quoi pensent ceux qui gagnent ? ».

J'ai pourtant recommencé à militer quelques années après, lors de la campagne de Ségolène Royal ; je n'étais pas particulièrement conquise par le personnage, mais je voulais que le Parti socialiste gagne face à Nicolas Sarkozy. J'ai assisté à quelques meetings, distribué quelques tracts. On me disait, comme j'étais très jeune, qu'il fallait que j'intègre le Mouvement des jeunes socialistes, or cela ne m'attirait pas du tout. Cette injonction me donnait l'impression que je n'étais pas à ma place, qu'il fallait que je rejoigne « les jeunes », même si certaines et certains trouvaient sympathique que je vienne baisser la moyenne d'âge de leur section. Une fois de plus, j'ai jeté l'éponge.

Je n'ai pas été très active pendant la campagne de François Hollande, si ce n'est de manière « prosélyte » en essayant de convaincre mon entourage de voter pour lui. J'étais à ce moment-là juriste dans une petite fédération professionnelle à Paris, un boulot où je m'ennuyais terriblement, mais qui me permettait de me rendre de temps en temps dans les lieux de décision (ministères, assemblées, Commission européenne, etc.). J'avais aussi la chance (c'est ironique) de siéger à la commission « affaires européennes » du Medef, où certains pensaient que mon rôle consistait à apporter un micro au « monsieur » qui souhaitait prendre la parole dans les réunions plénières. Lorsque je me présentais, ils me regardaient avec étonnement et mépris, persuadés que je n'étais qu'une stagiaire.

Grâce à ces expériences, j'ai fini par comprendre que je ne correspondais pas tout à fait au profil habituel pour ce type d'endroits, mais j'ai décidé de n'accorder aucune importance à ce constat. J'étais toujours mobilisée sur les injustices sociales, sur le manque de représentativité politique. À l'époque, je n'avais pourtant pas compris que ma différence résidait aussi dans le fait d'être une femme. Pour moi, si j'étais traitée différemment, c'est parce que j'étais jeune. Récemment, je suis retombée sur un article rédigé par une de mes amies, paru dans *Elle* en 2012, où je disais que la méfiance à l'égard des jeunes était un archaïsme très français. Je suis toujours de cet avis et j'aimerais ajouter : « à l'égard de toute personne qui ne répond pas aux critères suivants : homme, blanc, hétérosexuel, ayant plus de 50 ans, issu d'une classe sociale moyenne ou haute, catholique, etc. » Voilà, c'est dit. Que cette vérité attriste ou révolte, qu'elle dérange ou qu'on la nie, je le comprends, parce qu'elle signifie que nous vivons dans un monde en déséquilibre, un monde injuste, un monde où le pouvoir – politique en particulier – ne s'exerce pas comme il faudrait.

Au bout de quelques mois, j'ai quitté cet emploi pour travailler avec un photoreporter. Une des périodes les plus heureuses de ma vie. En parallèle, je continuais à chercher un emploi en ambassade. J'avais effectué mes premiers stages au ministère des Affaires étrangères et je souhaitais retrouver mes premières amours. Quelques mois plus tard, je m'envolais pour Phnom Penh. Pendant deux ans, j'ai travaillé en tant que chargée de mission à l'ambassade de France au Cambodge, une expérience exceptionnelle à tous points de vue. J'ai eu la chance de rejoindre un service où régnait une excellente ambiance de travail et où mes capacités étaient toujours saluées.

Les choses ont été légèrement différentes lorsque, à mon retour à Paris, j'ai rejoint un cabinet d'affaires publiques. Pendant deux ans, j'y ai officié en tant que consultante. Au cours de cette période, j'ai compris que j'étais une femme et que cet élément venait avant toute autre chose, que ce soient mes compétences, mes convictions ou mon engagement. Constamment, je devais me battre pour faire valoir mon professionnalisme et mes qualités face aux autres consultants qui semblaient difficilement accepter que je sois arrivée au même niveau hiérarchique qu'eux et qui, pour certains, n'hésitaient pas à affirmer haut et fort leur profonde misogynie.

C'est à ce moment-là que j'ai découvert qu'une femme pouvait être considérée comme un pur objet de convoitise afin de séduire des clients ou des décideurs publics. Je me souviens de ces phrases que j'entendais : « Va mettre une robe de pute pour le dîner de ce soir », « Lorsqu'on va dans un ministère, c'est talons obligatoires », etc. Charmant. J'ai rencontré également beaucoup de collaboratrices parlementaires ; j'étais aussi admirative de la quantité de travail qu'elles fournissaient que choquée par les violences et les discriminations dont elles étaient victimes. J'ai très rapidement intégré qu'être une femme en politique était compliqué. Bien que féministe, j'en ai presque été étonnée. Comme beaucoup de gens, je crois, cette question m'apparaissait sinon rebattue, du moins derrière nous. Et surtout, je faisais soudain le lien avec mes frustrations politiques passées et actuelles. Comment me sentir bien dans un milieu qui laisse si peu de place aux femmes ?

C'est pour cela que j'ai lancé mon podcast Popol. Je voulais créer un espace où les femmes, des élues, des militantes, mais pas seulement, pourraient parler politique, avoir un avis, défendre leurs idées, exposer leurs projets et leurs actions, quels que soient leur âge ou leurs convictions. Ce livre en est le prolongement. Je souhaite ainsi saluer le combat politique des femmes, écouter leurs difficultés mais aussi leurs réussites et, pourquoi pas, envisager un monde meilleur.

Introduction

« Je voudrais tout d'abord vous faire partager une conviction de femmes – je m'excuse de le faire devant cette assemblée presque exclusivement composée d'hommes. » Lorsque Simone Veil prononce ces mots à la tribune de l'Assemblée nationale, elle parle devant un hémicycle où les hommes sont représentés par une majorité écrasante. En effet, ce 26 novembre 1974, l'Assemblée nationale compte sur ses bancs 481 hommes et seulement 9 femmes.

Près de quarante ans plus tard, le 28 janvier 2017, Emmanuel Macron, alors candidat à l'élection présidentielle, lance sur sa page Facebook un appel aux femmes : « Réveillez-vous ». Le point de départ de cet appel : les femmes ne représentent que 15 % de l'ensemble des candidatures reçues par En Marche ! pour les élections législatives. « Ce que je veux, c'est que dans la moitié des circonscriptions gagnables, vraiment, on présente des femmes candidates. [...] C'est un constat d'échec qui me rend triste pour nous, parce que nous sommes en train de faire comme les autres, nous sommes en train d'arriver au même résultat que ce que nous avons aujourd'hui à l'Assemblée nationale. Il n'y a pas de fatalité pour cela. » Le président avait alors convoqué des notions comme l'« autocensure », il avait même parlé du « droit de préséance dont bénéficient les hommes dans notre société ».

Cet appel a créé beaucoup d'enthousiasme et a été entendu par de nombreuses femmes, qui ont décidé de soumettre leur candidature pour finalement représenter 50,7 % des 524 candidats soutenus par En Marche ! aux élections législatives. Emmanuel Macron avait réussi son pari et continuait à s'afficher en féministe convaincu en annonçant, le 17 mai 2017, la composition de son gouvernement : une équipe entièrement paritaire (11 femmes et 11 hommes). Quelques semaines plus tard, avec ses 224 députées, la nouvelle Assemblée nationale est la plus « féminine » de la Ve République. À titre de comparaison, elles étaient 155 sous la précédente législature.

Mais les mois ont passé, et ce que le président reprochait aux partis politiques classiques est également devenu une réalité dans son propre parti. Aujourd'hui, les femmes peinent toujours à s'affirmer dans les instances décisionnaires. C'est ce que me confiait récemment la députée du Loiret **Caroline Janvier**, pour qui la place des femmes n'est pas suffisamment importante au sein de La République en marche. Des journalistes ont également révélé la tenue de « dîners de travail » 100 % masculins autour du président de la République. Et on a pu observer que la parité au sein du gouvernement a reculé dès le premier remaniement (17 femmes et 18 hommes), recul qui n'a cessé de s'affirmer avec les remaniements successifs, avant que l'on retrouve la parité avec le gouvernement Castex en 2020.

Le président, qui a érigé l'égalité femmes-hommes en grande cause du quinquennat, fait l'objet de nombreuses critiques et semble lui-même peu enclin à faire de la place aux femmes à ses côtés… On ne compte qu'une seule femme au sein de son cabinet, sa cheffe de cabinet adjointe, Cécile

Geneste. Du côté du pouvoir législatif et des assemblées parlementaires, les postes clés (présidences d'assemblée et de groupes politiques) sont encore dévolus à des hommes et, dans ce domaine, le parti présidentiel ne fait pas figure d'exception puisque 15 des 17 groupes parlementaires sont dirigés par des hommes.

L'arrivée de nouvelles têtes sur la scène politique était pourtant enthousiasmante à tous les points de vue : c'était la fin d'un vieux monde, un bouleversement politique majeur qui allait nous libérer des « élites hors sol » et nous amener, enfin, vers une meilleure représentativité. D'autant que tout cela se conjuguait au mouvement #MeToo, à une nécessaire révolution féministe et sociale.

Au terme de ce quinquennat censé marquer un renouveau politique, que reste-t-il de ces belles promesses, de cet espoir ? Les vieilles habitudes ont la peau dure et le milieu politique reste profondément machiste et patriarcal. Les femmes, et toute personne socialement dominée, continuent d'y être perçues comme des acteurs de seconde zone. Une crise de la représentativité qui explique en partie la désaffection des électrices et des électeurs, leur défiance à l'égard de la politique, leur abstentionnisme lors des élections. C'est d'autant plus problématique que les enjeux sociaux, économiques et environnementaux auxquels nous devons faire face sont colossaux.

En novembre 2020, lors du deuxième confinement, j'ai lancé Popol, un podcast où je parle politique avec des élues, mais aussi des militantes, des attachées parlementaires, des étudiantes, des femmes passionnées, comme moi, par la politique. Il me paraissait urgent et important de montrer que la politique était aussi une affaire de femmes et que cela ne s'arrêtait pas à quelques grandes figures comme Simone

Veil ou Christiane Taubira. Au fil des épisodes de Popol, nous avons parlé du Covid et du confinement, bien sûr, mais aussi de Trump, de la gauche, des violences à Washington, de la grève « sanitaire » des enseignants, du projet de loi « séparatisme », de la campagne vaccinale, des violences faites aux femmes. Dans mes conversations, formelles et informelles, avec ces femmes, deux choses m'apparaissaient : la finesse de leurs analyses politiques, mais aussi les difficultés, voire les violences qui se dressaient devant elles tandis qu'elles essayaient de se frayer un chemin dans les institutions politiques. Car quels que soient leur âge, leur parti, leurs convictions, leur catégorie sociale, une chose rassemble ces femmes : les discriminations auxquelles elles sont confrontées.

Très vite et parallèlement au podcast, j'ai commencé à mener des entretiens plus précis. J'ai interviewé des femmes, cinquante-neuf en tout, avec des profils et des responsabilités très variés. Des grandes figures comme Édith Cresson ou Marisol Touraine mais aussi des jeunes élues comme Lauren Lolo, Manon Aubry, Clémentine Barbier, des militantes comme Habiba Bigdade ou Claudine Cordani. Des femmes de droite et de gauche, toutes générations confondues. Des femmes élues depuis les années 1990, d'autres qui n'avaient entamé leur mandat que depuis quelques mois. Cette diversité était importante car je voulais aussi montrer que faire de la politique, ce n'est pas seulement être ministre, c'est militer, être adjointe au maire de sa commune, conseillère départementale, cheffe de section dans sa région, étudiante à Sciences-Po ou simple militante. Ces femmes m'ont parlé de leur parcours, de ce qu'elles font concrètement, au quotidien, dans l'exercice de leurs fonctions. Je voulais comprendre ce que voulait dire être une femme politique et surtout pourquoi, plus de soixante-dix ans après l'obtention du droit de vote, en 2021, l'exercice du pouvoir est encore majoritairement aux mains des hommes.

Beaucoup de choses ont déjà été écrites sur les femmes politiques et sur le sexisme en politique. Je ne suis ni politologue ni sociologue, je n'ai pas l'ambition de livrer un panorama exhaustif de la place des femmes en politique. Cependant, au fil de ces entretiens, j'ai vu se déployer un nouvel imaginaire politique où se mêlent le sens du combat collectif, de l'efficacité, la conscience de l'importance de la lutte, le goût pour l'apprentissage plutôt que pour l'expertise, la générosité, la liberté, le courage. D'autres représentations, d'autres images qui mériteraient d'être mieux connues et explorées.

À l'aube de l'élection présidentielle de 2022, la parité en politique n'est plus seulement une exigence démocratique, c'est une nécessité et une solution, si l'on veut sortir d'une vision du pouvoir basée sur la domination et la violence dont l'inefficacité se manifeste chaque jour. Il faut plus de femmes en politique : leur expérience et leur présence, encore trop fragilisée et précaire, nous sont indispensables.

PREMIÈRE PARTIE

L'histoire d'une exclusion

“Ce n’est pas qu’on a droit à cette place, c’est qu’elle nous est due, au même titre qu’elle est due aux hommes.”

Aurélia Andreu

Lorsque j’ai commencé à travailler sur ce livre, j’ai été très surprise par la réaction de certains de mes interlocuteurs. Leur étonnement m’étonnait ! Pour beaucoup, la place des femmes en politique n’était pas ou plus un problème. La parité fonctionnait et l’on me citait les noms de Rachida Dati, de Simone Veil et de Christiane Taubira pour preuve. Si tout le monde s’accorde à dire que les femmes ont longtemps été exclues de la vie publique française, et que des problèmes conjoncturels demeurent parfois, on se figure aussi que les femmes sont passées d’un bond et presque miraculeusement de leur cuisine aux couloirs des entreprises et des assemblées politiques. Il ne fait aucun doute que la société a beaucoup évolué et que la situation des femmes s’est améliorée, mais c’est bien là le problème : pourquoi, dans ces conditions, les inégalités entre les femmes et les hommes et les violences à l’encontre des femmes restent-elles encore si profondes ?

Le combat des femmes et leur engagement en politique ne datent pas d'hier. Les femmes se sont battues, les femmes se battent et les femmes se battront toujours. Elles portent mille et un combats. Pour elles, pour faire évoluer leur cause. Pour la société, pour faire avancer les politiques publiques. Pour préserver la démocratie et l'environnement. On retient leur rôle dans la Révolution française, on se souvient du mouvement des suffragettes, de la figure de Marianne, de Simone Veil, d'**Édith Cresson**, première femme Première ministre, de la candidature de Ségolène Royal à la présidentielle de 2007. Des grands noms et des grandes lignes qui masquent souvent l'ampleur et la violence des luttes que ces femmes ont menées, les avancées et les reculs, et les spécificités d'un système politique majoritairement masculin et excluant.

C'est sans doute parce que cette histoire est mal connue que l'on ne cesse de se heurter à ce paradoxe : la place des femmes en politique continue de resurgir dans le débat public à intervalles réguliers, le plus souvent lors des élections présidentielles et législatives, et en même temps on s'accorde à dire que ce n'est pas ou plus un sujet.

Pour cette raison, il me semble important de revenir sur l'histoire de la place des femmes en politique, ou plutôt sur l'histoire de leur exclusion puis de leur difficile accession aux lieux de pouvoir. C'est faire état de leurs luttes, bien sûr, mais c'est aussi comprendre pourquoi les hommes ont monopolisé le pouvoir et surtout pourquoi, malgré les profondes mutations sociales et les lois sur la parité, rien ne change jamais vraiment.

Tout commence un 21 avril 1944

L'histoire, la voici... Le 21 avril 1944, une ordonnance du Comité français de la libération nationale dispose que « les femmes sont électrices et éligibles dans les mêmes conditions que les hommes ». Les Françaises obtiennent donc le droit de vote et d'éligibilité et l'exercent le 29 avril 1945 lors des élections municipales. Le suffrage est enfin vraiment universel, ce qui met fin, en théorie, à cent cinquante ans d'une inégalité flagrante entre les sexes et à l'exclusion des femmes du pouvoir.

Tout est bien qui finit bien ? Pas vraiment. La société ne s'est pas réveillée, un beau matin, soudain plus juste et plus égalitaire. L'obtention du droit de vote par les femmes est le fruit d'une lutte extrêmement longue et difficile qui s'enracine dans la Révolution française et la naissance d'un gouvernement représentatif. Jusque-là, les femmes avaient été exclues de l'exercice du pouvoir par la fameuse loi salique. Pendant longtemps, l'histoire a raconté que cette règle de succession avait été pensée afin que la couronne de France ne revienne pas au roi d'Angleterre, issu d'une branche féminine. C'est en partie le cas, mais cette règle est surtout liée à l'influence du clergé et à sa volonté de gérer le pays seul et entre hommes. Pendant ce temps-là, en Europe, des reines, des impératrices et des tsarines régnaient sur des territoires parfois gigantesques.

Les femmes et la Révolution française

La Révolution française est un moment important dans l'histoire de la politisation des femmes. Elles ont participé activement à ce grand mouvement de libération et de conquête des droits et elles exigent, au même titre que les hommes, le droit de vote. En 1791, Olympe de Gouges publie la *Déclaration des droits de la femme et de la citoyenne*. Dans ce plaidoyer pour les droits des femmes, l'autrice insiste sur l'égalité politique, comme en témoigne l'article 10 : « La femme a le droit de monter sur l'échafaud ; elle doit avoir également celui de monter à la tribune. » Ce texte reste un projet et n'est que très peu diffusé puisqu'il n'a été publié qu'en cinq exemplaires. Olympe de Gouges est guillotinée le 3 novembre 1793.

Dans son livre *Les Grandes Oubliées. Pourquoi l'histoire a effacé les femmes*[1] paru en 2021, la journaliste Titiou Lecoq met à l'honneur ces femmes qui se sont engagées et que l'histoire a négligées. Il y a Charlotte Corday, qui a assassiné Marat dans son bain, épisode dramatique peint par Jacques-Louis David. On trouve aussi Catherine Pochetat, 22 ans en 1789, qui participe à la prise de la Bastille avant de devenir canonnière. Mais aussi les fameuses « tricoteuses », qui assistent à tous les débats des assemblées. On remarque au passage que la métaphore méprisante et sexiste renvoyant les femmes à leurs travaux d'aiguille sera filée par le général de Gaulle qui s'exclamera en 1967, quand un député carrément foufou lui suggérera de créer un ministère dédié à la condition des femmes : « Un ministère ?... Pourquoi pas un sous-secrétariat au tricot ? » Malgré leur engagement dans la Révolution, les femmes seront très vite écartées des lieux de pouvoir, renvoyées dans leurs foyers, puis vouées à l'oubli. Elles ont pourtant bien existé et c'étaient des femmes politiques.

Alors même que se construit cette exclusion va naître la figure de Marianne, l'allégorie féminine qui incarne la République. À l'époque révolutionnaire, les prénoms Marie et Anne sont très répandus, la contraction des deux donnera Marianne. Ils la coiffent d'un bonnet phrygien, le bonnet rouge porté dans l'Antiquité par les esclaves nouvellement affranchis. Une femme pour représenter la République : l'ironie serait savoureuse si la situation des femmes dans la République n'était aussi mauvaise.

La suite n'est guère plus réjouissante puisque, sous l'Empire, les femmes sont reléguées au rôle de citoyennes de seconde zone. En 1804, avec l'avènement du Code civil, elles perdent leur capacité juridique. L'Empereur aurait même déclaré : « Je n'apprécie pas les femmes qui se mêlent de politique. » Sous ce régime très conservateur, le clergé va réaffirmer son influence, et les valeurs promues seront la religion, la nation, la famille et le trône.

C'est lors de la révolution de 1830 que les revendications féministes connaissent un nouvel essor. La levée de la censure sur la presse permet aux personnes qui défendent la cause des femmes de bénéficier d'une tribune dans les journaux. En parallèle, une forme de féminisme militant se développe au sein des courants de pensée socialistes et plus particulièrement chez les fouriéristes et les saint-simoniens. Leurs idées sont extrêmement avant-gardistes. Ces courants prônent l'amour libre, inventent l'intersectionnalité avant l'heure en réclamant l'égalité de toutes les femmes dans toutes les classes sociales. Et bien sûr, ils demandent le droit de vote pour les femmes. Lors des journées révolutionnaires de février 1848, les femmes jouent un rôle très important. Pour elles, c'est un regain d'espoir. Qui sera rapidement douché.

Leur lutte va néanmoins se structurer et s'exprimer à travers de nombreux journaux tels que *La Voix des femmes*, d'Eugénie Niboyet, *La Politique des femmes*, créé par Désirée Gay ou encore *L'Opinion des femmes*, de Jeanne Deroin. Mais lorsqu'en mars 1848 le suffrage universel est proclamé, les femmes en sont encore exclues. Cela n'empêche pas Jeanne Deroin d'être, en 1849, la première candidate aux élections législatives. Elle est très largement moquée et très peu soutenue. George Sand, pourtant présentée comme une grande figure féministe, refuse de se présenter aux élections lorsque Jeanne Deroin le lui suggère. Elle déclare même : « J'espère qu'aucun électeur ne voudra perdre son vote en prenant fantaisie d'écrire mon nom sur son bulletin. » La réponse de George Sand choque nombre de femmes, à tel point que certaines doutent de la sincérité de son combat féministe.

Aux urnes, citoyennes !

Le Second Empire, très conservateur, s'écoule sans amélioration pour les droits des femmes. Il n'est pas étonnant, dans un contexte aussi peu favorable, que la IIIe République soit marquée par une importante structuration des revendications féministes. Le combat n'est plus seulement porté par une poignée de personnalités mais s'organise et devient massif, sans doute sous l'influence des militantes anglaises, appelées aussi « suffragettes ». De nombreuses associations et organisations voient le jour entre 1870 et 1940, comme le Droit des femmes, fondé en 1876, ou encore l'Union française pour le suffrage des femmes, en 1909. Pendant toute cette période, le mouvement suffragiste va fédérer l'ensemble des mouvements féministes qui feront des droits politiques, et plus particulièrement du droit de vote, un objet de revendication primordial. La militante Hubertine Auclert est la cheffe de fil de ce mouvement. Elle marque les esprits par des actions remarquables : en 1881, elle décide de refuser de payer l'impôt tant qu'il n'y aura pas de femmes à l'Assemblée ; en 1908, elle renverse une urne électorale dans un bureau de vote parisien. Fini les discussions à demi-mot dans les salons feutrés. Les femmes décident de bousculer les codes et la société. Elles se battent pour le droit de vote, bien entendu, mais aussi pour l'accès des femmes à une meilleure instruction et une véritable égalité salariale, entre autres.

On ne se rappelle aujourd'hui le combat de ces femmes que par des slogans bien sentis, une imagerie un peu romantique et un mot, « suffragette », toute en joliesse et désuétude, mais ce fut un combat long et très difficile. En Angleterre, celui-ci est même extrêmement violent, les altercations avec la police sont fréquentes et les conditions de détention des militantes, révoltantes.

Pendant la Première Guerre mondiale, les féministes acceptent de se rallier à l'Union sacrée contre l'ennemi allemand et mettent leurs revendications en sourdine. L'essentiel est ailleurs : les hommes étant sur le front, ce sont les femmes qui font tourner le pays. Au lendemain de la guerre, alors que les Européennes obtiennent les unes après les autres le droit de vote, la France résiste. Enfin, le Sénat surtout, qui retoque systématiquement chaque proposition de loi. Ce droit leur sera donc refusé par le Sénat en 1919, alors que les députés avaient pourtant exprimé leur accord. Ce refus sera confirmé à plusieurs reprises, notamment en 1925, en 1932 et en 1935. L'heure est à la reconstruction de la France et les femmes sont sommées de tenir leur rôle :

celui de mère. Cette résistance tient aussi aux efforts conjugués des conservateurs et des républicains laïcs, les premiers redoutant la dislocation des valeurs familiales et traditionnelles, et les seconds craignant que les femmes, influencées par la religion, ne votent massivement pour les partis conservateurs. Cela dit, le 10 juillet 1936, la Chambre des députés se prononce pour la sixième et dernière fois en faveur du droit de vote des femmes par 495 voix contre 0 : les mentalités ont beaucoup évolué. Le gouvernement s'abstient. Et le Sénat, qui brille déjà par ses positions rétrogrades, n'inscrira jamais ce texte à son ordre du jour…

Profitant d'une lacune dans le système électoral, le Parti communiste présente une dizaine de femmes aux municipales en 1925. Sept femmes seront élues : Joséphine Pencalet à Douarnenez, Marthe Tesson à Bobigny, Marie-Julienne Chaix à Saint-Denis, Marguerite Chapon à Villejuif, Augustine Variot à Malakoff, Émilie Joly et Adèle Métivier à Saint-Pierre-des-Corps. Bien sûr, leur élection sera invalidée. Les élues présentent un recours devant le Conseil d'État et continuent à siéger en attendant la décision de la juridiction. Leur inéligibilité est finalement confirmée quelques mois plus tard. En 1936, trois femmes entrent pourtant au gouvernement de Léon Blum en tant que secrétaires d'État. Cécile Brunschvicg à l'Éducation nationale, Suzanne Lacore à la Protection de l'enfance et Irène Joliot-Curie à la Recherche scientifique. Dans les faits, leurs prérogatives seront assez limitées : leur vote ne compte pas au Conseil des ministres et le lien de subordination avec leurs ministres de tutelle est relativement important.

C'est sous le Gouvernement provisoire de la République française que les femmes obtiennent, enfin, le droit de vote. L'ordonnance du 21 avril 1944, qui organise les pouvoirs publics en France après la Libération, prévoit en son article 17 le droit de vote pour les femmes françaises ainsi que leur éligibilité. Ce droit ne concerne toutefois que les femmes en métropole mais pas dans les colonies. Les Sénégalaises manifestent et obtiennent le droit de vote en 1945. Les Françaises d'Algérie l'obtiendront en 1947, tandis que les femmes musulmanes d'Algérie devront attendre 1958.

Les raisons de cette victoire ? Non pas une soudaine prise de conscience féministe chez ces messieurs les députés et les sénateurs, mais leur conviction que cela permettrait de limiter les chances électorales des communistes. On considérait encore que le vote des femmes, influencé par la religion et leur curé, serait conservateur. Et sur ce point, ils n'avaient pas tort. Après la guerre, les femmes votent majoritairement à droite et il faut attendre les années 1970 pour que, sous l'influence des combats féministes, les femmes incarnent un vrai discours progressiste, revendiquant leurs droits mais aussi ceux de toutes les catégories sociales dominées.

Les femmes votent pour la première fois aux élections municipales d'avril 1945. Le taux de participation est spectaculaire, les files s'allongent devant les bureaux de vote, et au moins 17 femmes sont élues maires. En octobre 1945, les femmes participent à leur tout premier scrutin national. Lors de ce scrutin, 33 femmes seront élues pour siéger parmi les 586 membres de l'Assemblée constituante. Avec 5,63 % de femmes élues, cette assemblée est l'une des plus féminisées de son époque.

Sous la IVe République, les femmes commencent à intégrer les lieux de pouvoir. Lors de la première législature (1946-1951), on comptera 43 femmes sur les sièges du Palais-Bourbon. Elles ne seront plus que 24 lors de la deuxième législature (1951-1956) et seulement 18 lors de la troisième (1956-1958). Au niveau local, les femmes ont du mal aussi à s'affirmer. En 1947, seulement 0,7 % des communes sont dirigées par des femmes. Leur place ne s'améliore pas avec les élections municipales de 1953, où l'on comptabilise 0,8 % de femmes maires. Du côté de l'exécutif, Andrée Viénot est la première femme à faire son entrée dans un gouvernement, en 1946, en tant que sous-secrétaire d'État à la Jeunesse et aux Sports. Elle est suivie, en 1947, par Germaine Poinso-Chapuis, ministre de la Santé publique et de la Population au sein du premier gouvernement Schuman. C'est d'ailleurs la première femme ministre de plein exercice, et la seule de toute la IVe République. Il faudra ensuite attendre 1957 pour revoir une femme au gouvernement : Jacqueline Thome-Patenôtre sera sous-secrétaire d'État à la Reconstruction et au Logement.

Au pouvoir, citoyennes !

La Constitution de la Ve République, adoptée par référendum le 28 septembre 1958, prévoit à l'article 3 que « sont électeurs, dans les conditions déterminées par la loi, tous les nationaux français majeurs des deux sexes, jouissant de leurs droits civils et politiques ». Le droit de vote et d'éligibilité des femmes est ainsi garanti par la Constitution.

Mais après les premiers succès électoraux de la fin des années 1940, le nombre de femmes élues stagne voire diminue. Il faut attendre 1974 et Valéry Giscard d'Estaing pour qu'une femme, Simone Veil, soit de nouveau ministre de plein exercice. Dans les années 1980 et 1990, les débats sur la parité se font de plus en plus nombreux. L'absence de femmes dans l'exécutif et dans les assemblées apparaît comme problématique. Par ailleurs, le combat des femmes se concentre sur le contrôle des naissances. Les femmes revendiquent le droit de disposer de leur corps comme elles l'entendent. À partir de 1956, l'association Maternité heureuse (qui deviendra le Planning familial) réclame le droit à la contraception. Elles l'obtiennent en 1967, grâce à la loi Neuwirth, mais de manière très encadrée et ce malgré les réticences du général de Gaulle, grand féministe devant l'Éternel, qui s'inquiétait de « sacrifier la France à la bagatelle ». Elles obtiennent le droit à l'avortement en janvier 1975, sous la présidence de Valéry Giscard d'Estaing et grâce à la persévérance de Simone Veil. C'est la question de la place des femmes dans la société qui est remise en question.

À partir des années 1990, voyant que les assemblées politiques restent désespérément masculines, les femmes commencent à exiger une plus juste répartition. Des femmes politiques comme Yvette Roudy et Françoise Gaspard se mobilisent. Les mentalités et les pratiques commencent à bouger, notamment grâce aux organisations internationales (l'ONU et l'Europe). En 1991, François Mitterrand nomme la première femme Première ministre. À ce jour, Édith Cresson est la seule femme à avoir jamais exercé cette fonction. En 1992, lors de la conférence européenne d'Athènes, Simone Veil et Édith Cresson signent un texte dans lequel figure pour la première fois le terme de « parité » : « Les femmes représentent plus de la moitié de la population, l'égalité impose la parité dans la représentation et l'administration des nations. » En 1995, Alain Juppé tente de répondre à l'opinion générale en nommant un tiers de femmes dans son gouvernement. On se rappelle toutes et tous les fameuses « Jupettes » posant sur le perron de Matignon.

Comme souvent, elles finiront par se raréfier au gré des remaniements, mais l'idée fait malgré tout son chemin. C'est afin d'imposer la parité pour certains scrutins que Lionel

Jospin présente un projet de réforme constitutionnelle. La loi constitutionnelle du 8 juillet 1999 relative à l'égalité entre les femmes et les hommes a ainsi modifié la Constitution. L'article premier prévoit désormais que « la loi favorise l'égal accès des femmes et des hommes aux mandats électoraux et fonctions électives ». L'article 4 a aussi été modifié afin de prévoir que les partis politiques contribuent à la mise en œuvre de ce nouveau principe.

Le Conseil constitutionnel, par une décision rendue en 2003, précise que ces nouvelles dispositions ne constituent aucunement une obligation pour le législateur d'imposer la parité. Néanmoins, grâce aux modifications apportées à la Constitution en 1999, la première loi imposant la parité en politique a pu être adoptée. Il s'agit de la loi du 6 juin 2000, qui oblige les partis politiques à inclure dans leurs listes de candidats le même nombre d'hommes et de femmes, sous peine de sanctions financières. Cette loi prévoit également une alternance des candidats de chaque sexe sur les listes. Ce sont les fameuses listes « Chabadabada », en référence à la musique du film *Un homme et une femme* de Claude Lelouch.

Cette première loi sera complétée par celle du 31 janvier 2007, qui étend l'obligation de parité lors de la désignation des exécutifs régionaux et municipaux (villes de 3 500 habitants et plus). Elle prévoit aussi d'augmenter la retenue sur la première fraction de la dotation publique des partis qui ne respectent pas la parité des investitures aux élections législatives (75 % de l'écart à la moyenne). Enfin, cette loi instaure ce que l'on appelle le « ticket mixte » lors des élections cantonales, où candidat·e·s et suppléant·e·s doivent représenter les deux sexes. D'autres modifications sont apportées par la loi du 17 mai 2013, qui réforme les scrutins locaux. Les conseillères et conseillers départementaux qui se substituent aux conseillères et conseillers généraux sont désormais élus au scrutin binominal à deux tours. Les binômes sont obligatoirement composés d'une femme et d'un homme. Pour le scrutin municipal, l'obligation de parité dans la composition des listes s'applique désormais aux communes de plus de 1 000 habitants.

Ces mesures ont incontestablement eu des effets positifs sur l'affirmation de la place des femmes dans la sphère publique. L'obligation d'alternance stricte entre hommes et femmes sur les listes a permis d'accroître de plus de 20 points la proportion de conseillères régionales, passée de 27,5 % en 1998 à 47,6 % en 2004. En revanche, on constate un quasi-immobilisme dans les instances où l'obligation de parité ne s'applique pas. Ainsi, les intercommunalités sont encore très largement présidées par des hommes (89 %).

Les mesures en faveur de la parité sont plus ou moins efficaces en fonction des sanctions prévues en cas de non-respect. Ainsi, lorsque le non-respect des obligations est sanctionné par des mesures d'ordre financier, la parité est moins bien appliquée. En gros, les partis préfèrent payer une amende plutôt que d'investir des femmes. C'est ce qu'il se passe généralement lors des législatives, et il a été nécessaire d'augmenter à deux reprises le montant des sanctions financières (en 2007 et en 2014) pour que les partis investissent davantage de candidates. À l'inverse, la parité est parfaitement respectée lorsque son non-respect est sanctionné par l'impossibilité pour un parti de pouvoir concourir à une élection. C'est notamment ce qui est prévu pour les élections au scrutin de liste, où la parité est une obligation pour que la liste soit enregistrée. La limitation du cumul des mandats, qui est entrée en vigueur en 2017 grâce aux efforts de Barbara Romagnan et de Martine Aubry, a, elle aussi, permis de « libérer des places » pour les femmes.

L'ensemble de ces mesures a permis une relative amélioration de la place des femmes en politique depuis 1958 et la proclamation de la Vᵉ République. À l'Assemblée nationale, la part de femmes élues est en moyenne de 1,7 % entre 1958 et 1973. En 1978, les 4 % sont atteints et, à partir de 1981, la part des femmes élues se situe aux alentours de 5 % jusqu'en 1997 où cette proportion atteint les 10,8 %. À partir de 2012, une amélioration se dessine progressivement : 12,1 % en 2002, 18,5 % en 2007 et 26,9 % en 2012. En 2017, un record est battu avec 224 femmes élues, soit 38,8 % des 577 sièges de l'Assemblée nationale.

Or, si l'Assemblée nationale se féminise, il reste encore des partis politiques qui préfèrent payer des pénalités plutôt que d'investir des femmes lors des scrutins législatifs. La féminisation constatée en 2017 est essentiellement due à l'arrivée de nouveaux partis politiques en France. La République en marche a respecté à la lettre l'obligation de parité en investissant 214 femmes et 214 hommes. Parmi ces 214 femmes, 144 seront élues.

Au Sénat, la proportion de femmes élues oscille entre 1,8 % et 3,1 % entre les années 1950 et 1980. Les 5 % seront atteints en 1992, mais il faut attendre 2001 pour que cette proportion dépasse timidement 10 % (10,3 % plus précisément). À partir de là, on enregistre une amélioration progressive : 16,9 % en 2004, 21,9 % en 2008, 21,2 % en 2011, 25 % en 2014 et 31,6 % en 2017.

Du côté du gouvernement, sous la présidence de Charles de Gaulle, seulement deux femmes entrent au gouvernement, Nafissa Sid Cara et Marie-Madeleine Dienesch. Ce n'est guère mieux avec l'élection de Georges Pompidou, qui ne nomme qu'une seule femme au gouvernement. Sous la présidence de Valéry Giscard d'Estaing, 9 femmes accèdent à des postes ministériels. C'est aussi à cette époque que naîtra le « féminisme d'État », symbolisé par Simone Veil et la loi autorisant l'avortement.

Avec l'élection de François Mitterrand en 1981, la présence des femmes au sein de l'exécutif se renforce considérablement. C'est aussi sous sa présidence qu'Édith Cresson est nommée Première ministre. Sous la présidence de Jacques Chirac, la victoire des socialistes en juin 1997 et la nomination de Lionel Jospin à la tête du gouvernement constituent une étape importante pour l'affirmation de la place des femmes au sein de l'exécutif. Dans le gouvernement du 2 juin 1997, elles forment 30 % des effectifs (8 sur 26) et sont plus nombreuses en haut qu'en bas de la hiérarchie. En cinq ans, le taux de féminisation des gouvernements successifs n'a jamais été inférieur à 30 % et sera même de 39 % en janvier 2000.

En arrivant à l'Élysée en 2007, Nicolas Sarkozy revient sur sa promesse de campagne, et la parité ne sera pas respectée. Néanmoins, dans les trois gouvernements de François Fillon, les femmes représentent plus du tiers des effectifs et occupent des postes clés. La parité est atteinte pour la première fois en 2012 avec l'élection de François Hollande, et il faut attendre le gouvernement de Jean Castex en 2020 pour que la parité soit dépassée avec la nomination de 22 femmes contre 21 hommes au gouvernement.

Plus de soixante-dix ans après l'obtention du droit de vote et vingt ans après les premières lois sur la parité, la place des femmes dans l'espace politique reste problématique. Leur accession aux lieux de pouvoir n'est pas une trajectoire linéaire, mais une succession d'avancées et de reculs, d'espoirs et de déceptions. Les parcours des femmes que j'ai interviewées pour ce livre et de celles que j'ai rencontrées dans le cadre de mon podcast témoignent encore de ce difficile combat.

La place des femmes dans l'espace public et politique s'est réduite de manière concomitante à l'émergence d'un pouvoir fort et centralisé, avec l'affirmation d'un État lui-même centralisé et tout-puissant. Cette centralisation explique, en partie, pourquoi, malgré les longs combats féministes et les lois sur la parité, les hommes dominent encore aujourd'hui les sphères de pouvoir. L'universalisme républicain, développé dès la révolution de 1789 et sur lequel repose notre démocratie, a achevé d'exclure les femmes, ou plus généralement toutes les personnes moins dotées socialement, les pauvres, les étrangères et les étrangers, les personnes en situation de handicap, et d'autres. L'homme représenterait tous les individus, tandis que la femme ne serait capable de ne représenter que son sexe. Pour l'historienne Michelle Perrot, « l'universel est un cache-sexe qui ne recouvre le plus souvent que du masculin et a servi à exclure les femmes du gouvernement de la Cité[2] ». Cette notion d'universalisme reste encore très présente dans la pensée politique aujourd'hui et sert de fondement aux détracteurs contemporains de la parité. C'est aussi ce qui explique la crainte qu'inspire le féminisme politique, souvent vécu comme un kidnapping, comme une volonté des femmes de prendre le pouvoir sur les hommes, et non comme une nécessité démocratique.

Où sont les femmes ?
Un état des lieux

À la veille de l'élection présidentielle de 2022 et alors que la question de la parité et celle de l'égalité femmes-hommes seront dans tous les programmes de campagne, il est temps de faire le point précisément pour savoir où nous en sommes et prendre pleinement conscience de la situation.

À l'Assemblée nationale

Au Palais-Bourbon, on compte désormais 237 femmes contre 338 hommes, soit à peu près 38 % de femmes. On le répète à qui veut (encore) l'entendre, « c'est bien mieux qu'avant ». Certes, mais cela reste trop peu, et il n'y a vraiment pas de quoi se féliciter, surtout si l'on ajoute à cette absence de parité le très faible nombre de femmes qui président les groupes politiques ou encore le fait qu'une répartition genrée persiste encore dans l'attribution des compétences et suit les stéréotypes des rôles sociaux de notre société. Exemple : « Les filles sont nulles en mathématiques. » Résultat : les hommes siégeront dans les commissions des finances, quand les femmes seront assignées aux commissions sur la santé et l'éducation.

Sur les 9 groupes politiques, 2 sont présidés par des femmes : le groupe Socialistes et apparentés, présidé par Valérie Rabault, et le groupe La France insoumise (LFI), présidé par **Mathilde Panot**. Le très éphémère groupe Écologie démocratie solidarité, s'affirmant féministe, avait décidé de mettre en place un système de présidence tournante avec un homme et une femme. Au moment de la création du groupe, en mai 2020, il était convenu que Matthieu Orphelin présiderait le groupe pendant les six premiers mois de son existence et qu'il serait remplacé par **Paula Forteza** à l'issue de cette période. Fort malheureusement pour elle, le groupe a été dissous avant qu'elle puisse le présider. S'il faut saluer le geste, pour un groupe politique « féministe », n'aurait-il pas été préférable et logique que Paula Forteza soit la première présidente ?

Du côté des commissions permanentes, c'est un peu mieux car parmi les 8 commissions, 4 sont présidées par des femmes. Mais derrière cette apparence de parité, la réalité des chiffres est plus complexe, car la répartition genrée reste encore présente. Ainsi, les commissions des affaires économiques, des finances, des affaires étrangères sont présidées par des hommes tandis que les commissions des affaires sociales et du développement durable sont présidées par des femmes. Les députées et députés de La République en marche considèrent que leur arrivée à l'Assemblée a contribué à faire reculer cette répartition genrée. N'ont-ils pas cassé les codes en élisant un homme à la tête de la commission des affaires culturelles et de l'éducation ? Oui, mais les membres de cette commission sont essentiellement des femmes (61 %) alors qu'elles ne sont que 34 % au sein de la commission de la défense.

Par ailleurs, 20 des 28 des postes dits « institutionnels » (présidents de groupe, de commission, de l'Assemblée nationale, questeurs, rapporteurs du budget) sont occupés par des hommes. C'est ce que révèle un rapport sur la parité femmes-hommes au sein du groupe La République en marche réalisé par la députée des Bouches-du-Rhône **Claire Pitollat** : les présidents, les vice-présidents, les secrétaires, les questeurs, les porteurs du budget ont tous plus de responsabilités, des rémunérations plus élevées, davantage de collaborateurs. Ils sont présents à la réunion des présidents et font la pluie et le beau temps à l'Assemblée nationale. Il n'y a que peu d'égalité femmes-hommes à ces postes-là et la parité apparaît comme une nécessité. Ce rapport, très instructif au demeurant, révèle également que les rapporteuses et rapporteurs des projets et des propositions de loi sont essentiellement des hommes. Entre 2017 et 2019, la part des femmes rapporteuses était de 38 %.

Au Sénat

Depuis septembre 2020, 122 femmes occupent les 348 sièges du palais du Luxembourg. Cette fois encore, les chiffres sont en nette amélioration (elles étaient seulement 87 en 2014). Il faut pourtant le signaler et le répéter, la situation demeure bien en deçà de ce qu'il faudrait atteindre. C'est précisément pour cela que le Haut Conseil à l'égalité entre les femmes et les hommes (HCE) a tiré la sonnette d'alarme en 2018 : « La part des femmes a donc légèrement progressé mais demeure trop basse. À ce rythme, il faudra attendre 2026 pour atteindre la parité au Sénat[1]. »

Il y a plusieurs raisons à cette progression insuffisante. « D'abord, parce que le scrutin majoritaire, qui concerne 34 sièges, n'est soumis à aucune règle paritaire. Ainsi, en 2017, seule une candidate sur cinq était une femme. Ensuite, parce que les stratégies anti-parité déployées par les partis politiques se sont encore renforcées, dans le cadre du scrutin proportionnel, qui concerne 138 sièges. Si la part des femmes élues est inférieure à celle des hommes, c'est surtout parce que les candidates n'étaient pas en position de gagner. La plupart des candidats à leur propre réélection décuplent en effet leurs chances d'être réélus en créant une liste dissidente dont ils prennent la tête, et en reléguant ainsi les femmes à la deuxième place. Depuis dix ans, le nombre de candidat·e·s et de listes a plus que doublé (754 candidat·e·s en 2008, 1 996 candidat·e·s en 2017), et en 2017, les femmes ne représentaient qu'un quart des têtes de liste, limitant ainsi leurs chances d'être élues[2]. » Voici donc comment, malgré les lois sur la parité, les femmes continuent d'être écartées du pouvoir : soit en créant des listes dissidentes, soit en leur attribuant des circonscriptions non gagnables. Ces techniques sont légion et existaient même avant les lois sur la parité.

Comme à l'Assemblée nationale, les fonctions les plus prestigieuses, donnant lieu à davantage de responsabilités, sont préemptées par les hommes. Une seule femme est à la tête d'un groupe politique : Éliane Assassi, qui préside le groupe Communiste, républicain, citoyen et écologiste. Du côté des commissions permanentes, seules 2 des 7 commissions sont présidées par des femmes : la commission des affaires économiques, présidée par Sophie Primas, sénatrice Les Républicains des Yvelines, et la commission des affaires sociales, présidée par Catherine Deroche, sénatrice Les Républicains du Maine-et-Loire. On retrouve dans ce second cas une assignation genrée. Au sein de ces commissions, encore plus qu'à l'Assemblée nationale, la répartition sexuée est écrasante. La commission des affaires sociales est la seule commission où les femmes sont majoritaires (58 %), alors qu'elles sont très largement sous-représentées au sein de la commission des finances (10,6 %).

La présidence du Sénat est assurée par un homme, Gérard Larcher. Du côté des vice-présidences, on compte 4 femmes et 4 hommes. En revanche, les 3 postes de questeurs sont occupés par des hommes.

Au Cese

Depuis sa création en 1946, le Conseil économique, social et environnemental (Cese) n'a jamais été présidé par une femme. Cette assemblée inscrite dans la Constitution, que l'on oublie souvent et dont le rôle est assez méconnu, regroupe 175 membres, parmi lesquel·le·s on ne dénombre que 79 femmes. Outre ce problème de représentativité, des associations féministes ont dénoncé, à travers une tribune publiée dans *Le Monde* le 2 juin 2021[3], l'absence d'association féministe parmi les huit qui représentent la vie associative.

Au gouvernement

Au sein du gouvernement actuel, celui formé par Jean Castex le 6 juillet 2020, la parité est parfaitement respectée : 21 hommes et 22 femmes. Cependant, une seule femme, la ministre des Armées Florence Parly, occupe un ministère régalien.

Le 8 mars 2017, alors en pleine campagne présidentielle, le président de la République Emmanuel Macron avait annoncé : « Je choisirai le Premier ministre le plus compétent, le plus capable possible, avec le souhait et la volonté que ce soit aussi une femme. » Quatre ans plus tard, le 28 juin 2021, le même Emmanuel Macron est revenu sur ce souhait en déclarant au magazine *Elle* : « Je ne vais pas changer de Premier ministre. […] Et Jean Castex n'étant pas une femme[4]… » Sans commentaire.

En ce qui concerne les cabinets ministériels et le cabinet présidentiel, le président de la République a indiqué, le 8 mars 2021, vouloir les féminiser. Il serait temps en effet car, encore aujourd'hui, sur l'ensemble des cabinets ministériels (44), seuls 10 sont dirigés par des femmes. Et pour ce qui est du cabinet du président de la République, on ne compte, on l'a vu, qu'une seule femme parmi ses collaborateurs les plus proches, sa cheffe de cabinet adjointe, Cécile Geneste.

Que ce soit à l'Assemblée nationale, au Sénat ou au plus haut sommet de l'État, les femmes ne sont pas seulement sous-représentées, elles ont aussi moins de responsabilités. Pour Édith Cresson, ancienne Première ministre de François Mitterrand, « il faudrait qu'il y ait davantage de femmes qui aient du vrai pouvoir ». C'est une chose de faire figurer des femmes dans un gouvernement, une autre de leur confier des postes clés. Être ministre ne signifie pas forcément avoir une énorme influence. « On peut juste s'occuper de son domaine », dit-elle, avant de citer d'autres pays où des femmes ont joué un grand rôle : Indira Gandhi en Inde, Golda Meir en Israël, ou Margaret Thatcher en Angleterre. Impossible de citer une Française. Lorsque je lui ai demandé à quel moment elle pensait avoir vraiment eu du pouvoir, elle m'a répondu : « Jamais. »

Dans la haute fonction publique

Dans la haute fonction publique, les femmes sont là aussi sous-représentées. Elles bénéficient de 37 % des nominations effectuées en 2018 à des postes d'encadrement supérieur dans les trois principales administrations (État, collectivités locales, hôpitaux). Pourtant, une loi de 2012 impose aux employeurs publics de respecter un seuil de 40 % de femmes pour les primo-nominations, c'est-à-dire les nominations de nouvelles personnes et non la reconduction d'une personne dans ses fonctions ; à défaut, les établissements doivent s'acquitter d'une amende. Ainsi, en 2018, ce sont 26 employeurs publics qui ont dû s'acquitter d'une pénalité pour un montant total de 4,14 millions d'euros. Malgré cette situation assez catastrophique, l'égalité entre les sexes est totalement absente de la réforme de la haute fonction publique annoncée début juin 2021 par le gouvernement, ainsi qu'a pu le déplorer le Haut Conseil à l'égalité entre les femmes et les hommes[5].

La situation est tout aussi désespérante au sein de l'École nationale d'administration (ENA), à laquelle les femmes peinent à accéder. En 2020, elles étaient 31 à être admises contre 52 hommes. D'après les membres de l'association ENA 50-50, cela résulte « des phénomènes d'autocensure (les femmes représentaient cette année [en 2020] seulement 36,1 % des candidats à l'ENA) et de stéréotypes sociaux (l'idéal type du haut fonctionnaire que les concours doivent permettre de recruter reste un homme)[6] ». L'ENA a été dissoute le 8 avril 2021 par Emmanuel Macron pour être remplacée par l'Institut du service public, dont le but est de recruter des profils plus divers. Vraiment ?

Est-il même utile de préciser que le Conseil d'État, la Cour des comptes ou encore le Conseil constitutionnel n'ont jamais été présidés par des femmes ?

Dans les institutions locales

Au niveau local (communes, départements, régions), les diverses lois sur la parité ont permis de rattraper le retard, mais les postes les plus prestigieux sont essentiellement occupés par des hommes. Ainsi, au niveau municipal, les femmes représentent 42,4 % de l'ensemble des élues et élus mais seulement 19,8 % des maires. Et l'on retombe ici sur les limites de la parité. Les femmes sont présentes, certes, mais qu'en est-il de leur influence et de leurs responsabilités ? Même chose du côté des conseils régionaux, où elles représentent 48,6 % des élues et élus, mais seulement 31,6 % des présidentes et présidents de région. La situation est sensiblement la même au niveau des conseils départementaux, où elles représentent 50 % des élues et élus et seulement 20,2 % des présidentes et présidents de département[7]. Les choses se détériorent lorsqu'on regarde les établissements publics de coopération intercommunale (EPCI) : seulement 11,2 % de ces établissements sont présidés par des femmes[8]...

Au Parlement européen

Au sein du Parlement européen, les femmes françaises représentent 49,4 % des sièges réservés aux Françaises et Français. C'est mieux que la plupart des autres États membres, mais moins bien que la Finlande (57,1 % de femmes) ou que la Suède (52,4 %)[9]. Deux pays dans lesquels aucune loi sur la parité ne s'applique pour ce scrutin, alors qu'en France, malgré la loi sur la parité, les 50 % ne sont pas encore parfaitement atteints...

Dans les partis

Seulement 5 femmes ont dirigé des partis politiques : Michèle Alliot-Marie, Martine Aubry, Marie-George Buffet, Arlette Laguiller et Marine Le Pen. Et Marine Le Pen est un cas à part puisqu'elle puise sa légitimité dans la figure de son père. C'est une héritière, son ancrage est familial. La question de la représentation des femmes à la tête des partis est importante car c'est précisément là que se fait tout le travail de réseau et d'influence. Avant d'arriver devant le suffrage universel, les candidates et candidats doivent passer tout un tas d'étapes plus ou moins visibles, parfois même plus importantes que l'élection en elle-même. L'influence et le pouvoir des cadres des partis est considérable et joue un rôle fondamental au moment des investitures.

Mais au-delà des instances dirigeantes, les femmes sont aussi sous-représentées dans ces organisations. Malheureusement, il n'existe aucune statistique précise sur la répartition femmes-hommes au sein des partis politiques et j'ai dû tous les contacter pour essayer d'obtenir des chiffres. Ceux qui ont répondu m'ont donné des chiffres qui tournaient autour de la répartition suivante : 40 % de femmes et 60 % d'hommes. En ce qui concerne l'organisation interne des partis, l'État ne prévoit aucune obligation de parité, mais certains partis ont décidé de l'imposer dans leurs statuts. C'est le cas pour tous les partis de gauche, où la parité est requise dans les instances nationales. Chez Les Républicains, cette règle s'applique pour leur bureau politique depuis 2015.

Les partis peuvent jouer un rôle décisif dans la promotion des femmes en politique. Leur manque de volonté à agir en ce sens est pourtant criant : beaucoup préfèrent payer des amendes plutôt que d'investir 50 % de femmes pour les élections législatives. En 2018, les 17 premiers groupements politiques français ont perdu 2,18 millions d'euros pour n'avoir pas respecté la parité lors des législatives de 2017[10].

Dans les lobbies

Non seulement les femmes sont sous-représentées dans les instances décisionnaires mais, en plus, elles le sont aussi au sein des groupes représentant des intérêts, les fameux lobbies. Comme le révèle la journaliste Elisa Braun dans un article du journal en ligne *Politico*, publié le 30 mars 2021, on compte près de 70 % d'hommes parmi les représentants d'intérêts qui sont entendus par les députées et députés à l'Assemblée nationale. Par ailleurs, parmi les 15 lobbyistes les plus invités à l'Assemblée nationale, seulement trois sont des femmes[11].

L'herbe est-elle plus verte ailleurs ? Quelques comparaisons internationales

D'après un rapport de l'UIP (Union interparlementaire) et d'ONU Femmes paru en 2021, il n'y a jamais eu autant de femmes à la tête d'un État ou d'un gouvernement : 22 en 2021, dont 12 en Europe. C'est une bonne nouvelle jusqu'à ce qu'on lui accole un autre chiffre : 22 sur 192 pays, quand même ! Le rapport insiste sur le fait que les femmes ne représentent que 5,9 % des chefs d'État et 6,7 % des chefs de gouvernement. « Au rythme actuel, il faudra cent trente ans pour que la parité dans les décisions politiques du plus haut niveau soit atteinte[1]. » Autant dire que nous ne sommes pas près de voir le grand changement arriver.

Par ailleurs, seuls 13 pays comptent plus de 50 % de femmes à des postes ministériels (le Nicaragua est le premier avec un taux de 58,82 %). On enregistre des progressions importantes dans certains pays, notamment aux États-Unis, qui voient la proportion de femmes détenant un portefeuille ministériel passer de 17 % en 2020 à 46 % en 2021. L'élection de Joe Biden et la nomination de Kamala Harris, première femme vice-présidente, y sont pour beaucoup. En revanche, le nombre de pays ne comptant aucune femme ministre a augmenté, passant de 9 en 2020 à 12 en 2021.

Du côté des Parlements nationaux, seulement un quart des sièges sont occupés par des femmes et seuls 6 pays comptent 50 % ou plus de femmes dans les Chambres basses ou uniques du Parlement : le Rwanda (61 %), Cuba (53 %), la Bolivie (53 %), le Mexique (50 %) et les Émirats arabes unis (50 %), qui ont récemment été rejoints par l'Islande (52 %). D'après ONU Femmes, « au rythme actuel, la parité entre les sexes dans les instances législatives nationales ne sera pas atteinte avant 2063[2] », et ce malgré les mesures sur la parité applicables dans plus de 100 pays[3].

Les bons élèves de la parité : les pays d'Europe du Nord

Arrêtons-nous un instant en Europe du Nord, où 7 des 8 pays de la zone sont désormais gouvernés par des femmes. Il s'agit du Danemark, de la Norvège, de la Suède, de la Finlande, de la Lituanie, de l'Islande et de l'Estonie. Ces chiffres sont révélateurs et ces pays font d'évidents contre-exemples à qui voudrait arguer qu'il y aurait des difficultés insurmontables qui ralentiraient voire empêcheraient une bonne représentativité des femmes dans les instances politiques. Pourquoi est-ce possible dans ces pays mais pas chez nous ? Il y a certainement mille et une raisons mais on note tout de même deux points communs à ces pays : les femmes ont obtenu le droit de vote et d'éligibilité relativement tôt par rapport aux autres États européens (1906 pour la Finlande, et en 1907, 19 femmes étaient élues députées ; 1913 pour la Norvège ; 1915 pour l'Islande et le Danemark) et il existe dans ces pays, depuis des décennies, des politiques ambitieuses en faveur de l'égalité femmes-hommes. Catherine Génisson faisait déjà ce constat en 2002 lorsqu'elle était rapporteuse générale de l'Observatoire de la parité entre les femmes et les hommes : « Les différences qui peuvent être observées entre la situation des femmes dans la vie politique dans les différents pays européens sont fortement corrélées avec les différences dans les dates d'obtention du droit de vote par les femmes. De plus, la place des femmes en politique ne doit pas être isolée de sa place dans les autres domaines, qu'ils soient économiques, sociaux, publics ou privés[4]. »

L'exemple des pays du Nord est un incontournable des débats sur l'égalité femmes-hommes en politique. Et de fait, c'est toujours un peu démoralisant pour nous autres Françaises et Européennes du Sud, tant il apparaît que ces sociétés font tout mieux que nous et avec une apparente décontraction. On peut toujours se consoler en pensant à leur météo peu séduisante, il n'en reste pas moins qu'en matière d'égalité femmes-hommes, ces pays ont plusieurs coups d'avance et que cela leur réussit plutôt bien. Citer à tout bout de champ les pays du Nord est souvent caricatural et trompeur : ils ne sont pas si particuliers que cela. Bien sûr, chaque société est différente ; l'histoire, la démographie, la géographie : tout cela crée des différences. Pourtant, ce n'est pas parce qu'on s'y baigne dans l'eau glacée, qu'on y fait du vélo, qu'on y mange du hareng que ces pays ont progressé plus vite. C'est précisément grâce à des politiques volontaristes qu'un « état d'esprit » favorable aux femmes a émergé et qu'elles peuvent aujourd'hui occuper les plus hautes fonctions politiques. Un état d'esprit profondément différent de celui que nous connaissons en France. N'en déplaise aux détracteurs de la discrimination positive, aux défenseurs du fameux « mérite », les mutations sociales ne peuvent s'opérer sans une volonté politique forte. Comme le montrent des pays comme la Finlande et le Danemark, des femmes compétentes, capables de fédérer autour d'elles des équipes, des militantes et militants, d'incarner un parti, de gérer les affaires d'un État, il y en a, et même beaucoup, mais il faut leur ouvrir les portes. Et comme elles sont verrouillées de l'intérieur, elles ne peuvent les ouvrir sans aide, sans soutien, et donc sans rapport de force.

Ce rapport de force, les Finlandaises et les Norvégiennes l'ont créé et entretenu en s'organisant et en arrachant le pouvoir aux hommes après des années de combat et de lutte. « Les Norvégiennes, par exemple. À partir de 1967, les voici qui se mettent en campagne pour faire élire leurs concitoyennes aux conseils municipaux. En 1971, elles n'hésitent pas à faire appel aux médias, et réalisent un coup d'éclat : elles barrent carrément les noms des hommes sur les listes. Grand bruit dans le microcosme politique et hurlements dans la presse, qui les voue au pilori, les accuse d'être antidémocratiques, mais titre : "Les femmes gagnent les élections par knock-out !" Brillant succès, car ces élections se soldent par une augmentation générale et massive de la représentation féminine dans les instances municipales, et même dans trois villes, y compris Oslo, les voilà majoritaires. Le scrutin de liste proportionnel leur a été favorable – comme en Suède. Passant à la vitesse supérieure, elles s'inscrivent dans les partis politiques, posent leurs conditions et exigent un système de quotas : 40 % d'élues[5]. »

Dans les pays d'Europe du Nord, l'éducation populaire joue un rôle fondamental depuis des siècles. L'accessibilité de l'éducation a permis aux femmes de s'en saisir rapidement et a favorisé leur indépendance par rapport aux hommes. Ce sentiment d'indépendance est au cœur de leurs différents combats et a également nourri leur lutte pour l'égalité politique. Laquelle est perçue comme le socle de l'émancipation des femmes. En accédant au pouvoir, elles vont ainsi être en mesure de légiférer dans un sens qui leur soit plus favorable et de répondre à leurs revendications par des moyens légaux et contraignants. Un cercle vertueux en somme (même si d'aucuns, inquiets de perdre leurs prérogatives, le qualifieraient sans doute plutôt de vicieux).

La vocation politique des femmes d'Europe du Nord s'enracine souvent dans un combat pour améliorer leurs conditions de vie, comme en témoigne Kirsti Groendahl, ancienne présidente du Parlement norvégien : « Si je suis venue à la politique, c'est parce que je travaillais et que je ne trouvais pas de crèche pour mes enfants, alors j'ai décidé de militer pour en créer[6]. »

Les exemples scandinaves nous montrent que l'accession des femmes aux postes de pouvoir repose sur un schéma bien repéré. Dans un premier temps, elles s'organisent pour lutter et porter leurs revendications, elles créent ainsi un rapport de force qui, avec le temps, leur devient favorable et leur permet d'accéder à certains lieux de pouvoir. Arrivées là, elles se saisissent des moyens légaux à leur disposition pour asseoir leur présence dans les instances décisionnelles : les fameux quotas. Dans un second temps, l'opinion publique s'habitue à voir des femmes aux postes clés et cela devient progressivement « naturel », les femmes sont alors considérées comme étant aussi légitimes que les hommes. Enfin, dans un troisième temps, lorsque les instances où les quotas sont appliqués ne sont plus entièrement « trustées » par des hommes, les femmes réussissent à s'imposer aussi dans celles où il n'y en a pas et elles accèdent aux postes politiques de premier plan : Première ministre, présidente, etc.

Ce processus est long car il implique un véritable changement des mœurs au sein de la société. Nous le savons bien : les mœurs peuvent évoluer grâce à une volonté politique forte. Nombreux sont les exemples, à l'étranger comme en France, où la volonté politique a permis de faire adhérer la population à des changements de société. On pense bien entendu à la loi Veil sur l'interruption volontaire de grossesse votée en 1975 et qui a eu un effet très encourageant sur l'opinion publique. Selon un sondage Ifop réalisé en 2014, seulement 48 % des Françaises et des Français étaient favorables à ce que l'on autorise l'IVG en 1974, contre 75 % en 2014[7].

Il faut parfois des décennies pour qu'une réforme porte ses fruits et ait un impact positif sur la société et les habitudes. C'est ce qui peut expliquer le retard accumulé par certains pays malgré les lois sur la parité, car beaucoup d'entre elles sont entrées en vigueur à la fin des années 1990 ou dans les années 2000, tandis que dans certains pays du nord de l'Europe les quotas sont en place dans les partis depuis les années 1970 et se sont progressivement généralisés dans les années 1980.

Ce retard explique, en partie, l'écart considérable que l'on observe aujourd'hui entre les pays du nord de l'Europe et les autres. En partie, puisque les lois (ou leur absence) ne peuvent pas expliquer, à elles seules, la sous-représentation des femmes dans les sphères politiques. Les obstacles sont nombreux et dépassent l'organisation institutionnelle et politique d'un État. Selon l'ONG Genre en action, « les facteurs les plus déterminants sont sans doute d'ordre culturel. Dans les sociétés plus traditionnelles, les femmes en quête de pouvoir sont souvent mal vues : la politique est considérée comme un domaine masculin où tous les moyens s'utilisent y compris les actes répréhensibles comme la corruption, la violence, l'intimidation, les coups bas, etc. En plus, de nombreux électeurs estiment que les hommes font de meilleurs dirigeants que les femmes. Il s'ensuit que de nombreuses femmes rechignent à entrer en politique, un milieu qui leur semble hostile et agressif[8] ».

Plus globalement, la question de la parité en politique, au même titre que celle de la représentation des minorités, va bien au-delà des enjeux d'égalité puisqu'il s'agit d'un élément central de la représentation des peuples dans l'exercice du pouvoir politique et donc de la démocratie. Le prestigieux hebdomadaire anglais *The Economist* a mis en place un indice de la démocratie afin de classer les différents pays dans le monde. Cet indice repose sur 60 critères, dont celui de la présence des femmes dans les Parlements nationaux[9]. On retrouve, et cela n'a rien d'étonnant, les pays du nord de l'Europe en tête de ce classement depuis plus de dix ans alors que la France se place entre la 31e et la 24e place, dans la catégorie des « démocraties imparfaites ».

Le cas du Rwanda

Lors de la reconstruction du pays au lendemain du génocide de 1994, les femmes étaient beaucoup plus nombreuses que les hommes et ont investi des domaines qui leur étaient auparavant inaccessibles. Elles s'imposent ainsi dans les affaires, dans la fonction publique, mais aussi dans le domaine politique. Très rapidement, des mesures sont adoptées pour leur garantir une place au sein des institutions, et les quotas initialement définis seront dépassés au fil des élections. Depuis 2008, le Rwanda est le pays où l'on compte le plus de femmes, proportionnellement aux hommes, au sein du Parlement[10].

Le paradoxe sud-américain

La situation de certains États d'Amérique latine quant à la présence des femmes dans la vie politique est un peu paradoxale, comme le relève la députée des Français de l'étranger, ex-LREM, Paula Forteza. La culture machiste domine, et dans la vie quotidienne, la différence des rôles tenus par les hommes et les femmes au foyer est marquée, il y a énormément de violences conjugales, sexistes, etc. La question des droits reproductifs accuse un net retard dans la région, notamment à cause de l'importance de l'Église et de la religion. Mais sur le plan politique, beaucoup plus de femmes sont engagées et occupent une place de premier plan, comparé à la France ou à l'Europe.

L'Union européenne

L'Union européenne a incontestablement joué un rôle moteur dans la promotion de la parité en politique au sein des États membres. Les années 1992 et 1996 ont été particulièrement décisives. En novembre 1992 se tient à Athènes la conférence « Femmes, pouvoir et politique », et en mai 1996, Rome accueille un sommet européen intitulé « Les femmes pour le renouveau de la politique et de la société ». À cette occasion, les ministres en charge de l'égalité de chacun des États membres adoptent une charte actant un déficit démocratique en raison de la domination masculine dans la vie politique et reconnaissant la nécessité de promouvoir « l'égale participation des femmes et des hommes à la prise de décision dans toutes les sphères de la société ». En décembre 1996, le Conseil des ministres de l'Union européenne adoptera la recommandation 2/12/96 dans laquelle il affirme qu'une « participation équilibrée des femmes et des hommes au processus de décision est susceptible d'engendrer des idées, des valeurs et des comportements différents, allant dans le sens d'un monde plus juste et plus équilibré, tant pour les femmes que pour les hommes ».

À partir de 1997, avec la signature du traité d'Amsterdam, « la question des femmes dans la prise de décision ne figure plus à l'agenda prioritaire de l'Union », comme le constate Françoise Gaspard, chercheuse et ancienne députée[11]. Les mesures adoptées au niveau national relèvent du pouvoir discrétionnaire des États, et l'Union européenne ne les oblige à rien puisqu'il n'existe aucun mécanisme contraignant en la matière. Tout au plus, l'Union européenne peut inciter les États à mettre en place des mesures favorables à l'amélioration de la place des femmes dans les instances décisionnaires, qu'elles soient économiques ou politiques.

Les premières élections européennes au suffrage universel se déroulent en 1979 et les femmes représentent seulement 15,2 % des députées et députés. À cette occasion, des élues demandent qu'une commission en charge de la promotion de l'égalité femmes-hommes soit mise en place au sein du Parlement européen. La commission (provisoire) des droits des femmes est alors créée et devient permanente en 1984. Il faut attendre les élections de 1994 pour que les femmes prennent davantage de place et représentent 27,4 % des parlementaires. Ce taux est relativement stable jusqu'aux élections de 2009 où elles occupent enfin plus de 35 % des sièges au Parlement européen, 35,5 % pour être précis. En 2019, un record est battu et les femmes représentent 40,4 % des élues et élus.

Du côté de la Commission européenne, de 1958 à 1989, aucune femme n'occupe un poste de commissaire. Entre 1989 et 1995, on compte… une seule femme ! Il faut attendre 1996 pour qu'elles soient 5, et 2004 pour qu'elles soient 11. Elles sont 12, depuis 2019, face à 15 hommes mais, différence notable, la Commission européenne est pour la première fois présidée par une femme, Ursula von der Leyen. Les membres de la Commission européenne sont proposé·e·s par les États. Et là encore d'importantes disparités existent entre les pays. La France a ainsi proposé, depuis la mise en place de la Commission européenne, 34 commissaires dont 3 femmes, tandis que la Suède a, depuis qu'elle a rejoint l'Union européenne en 1995, proposé 6 femmes sur 6 postes de commissaires.

L'Union européenne fait preuve d'une ambiguïté étonnante dans ce domaine car, tout en incitant les États à promouvoir la place des femmes dans leurs instances décisionnaires, elle ne leur en fait pas beaucoup au sein de ses propres institutions… Ce constat, toujours valable aujourd'hui, a poussé en août 2008 la commissaire européenne alors chargée des relations institutionnelles, la Suédoise Margot Wallström, à signer une tribune dans *Le Monde* pour dénoncer le fait que les principaux postes au sein de la Commission étaient occupés par des hommes : « Pourquoi les trois personnalités qui pourraient prétendre à incarner l'Europe sur la scène internationale devraient-elles nécessairement être trois hommes[12] ? »

Aujourd'hui les femmes représentent 51,6 % de la population française[13] mais restent minoritaires au sein des lieux de pouvoir. Il n'existe aucune raison objective qui permet de justifier un tel état de fait.

DEUXIÈME PARTIE

Le combat politique des femmes

“Soit tu t’engages, tu fais quelque chose de ta vie et tu arrêtes de râler contre ces choses-là, contre Le Pen qui arrive au pouvoir, contre Macron, contre Machin, soit tu ne fais rien et tu subis tout ce qui t’arrive.”

Nesrine Mechkar

Les hommes et les femmes ne naissent pas pour faire les choses différemment. Une femme n’est pas plus douée qu’un homme pour faire tourner un lave-vaisselle, elle n’a pas ça « en elle ». De même, un homme n’est pas plus qualifié pour promulguer une loi ou discuter des affaires du pays dans une assemblée en faisant des ronds de fumée avec son cigare. Le genre d’une personne ne devrait déterminer ni sa façon de faire ni sa façon de vivre.

La question de la place des femmes en politique se heurte toujours à celle de l’essentialisation. Il faut se garder d’essentialiser, nous dit-on lorsque le sujet surgit dans la conversation. La mise en garde ne vient pas seulement des hommes ou de quiconque aurait intérêt à enterrer tout débat, mais aussi des femmes elles-mêmes. Toutes celles avec lesquelles je me suis entretenue ont insisté sur ce point, alors même que toutes reconnaissent que les difficultés auxquelles elles sont confrontées tiennent à leur sexe. **Diana Filippova**, conseillère de la maire de Paris, m'a même confié : « Je ne crois pas au déterminisme de toute une vie. Je crois aux oppositions, à l'affirmation, à la contradiction. » C'est vrai, il faut veiller à ne pas réduire un individu à une seule de ses dimensions, à ne pas lui « coller une étiquette », en somme.

Pourtant, c'est un fait, l'exclusion des femmes du monde politique et du pouvoir s'est construite sur une catégorisation d'un groupe d'individus, au bénéfice des hommes. La nature de l'engagement politique des femmes, leurs convictions sont donc directement liées aux expériences sociales qui s'imposent à elles parce qu'elles sont des femmes. Une condition à laquelle viennent se conjuguer bien d'autres éléments : la classe sociale, l'orientation sexuelle, la religion, le lieu de naissance… Comme le dit **Manon Aubry**, députée européenne LFI, « tout est socialement construit ».

Comme il ferait bon vivre dans un monde parfaitement juste, où nous serions libéré·e·s de tout déterminisme, où nous serions qui nous voulons, quand nous le voulons ! Où tout un chacun – et surtout toute une chacune ! – serait invité·e à prendre sa place… Car c'est bien là que se nichent la spécificité du combat politique des femmes et le ressort de leur engagement : ce n'est pas tant qu'elles n'ont rien à dire, qu'elles seraient plus discrètes, moins désireuses d'être médiatiquement exposées, ou moins capables de le faire. Non, les femmes n'ont simplement pas d'espace. Elles doivent s'intégrer dans un univers qui s'est construit sans elles et dans lequel elles ne sont pas les bienvenues.

Engagées

En France, la politique est une profession dans laquelle seuls les hommes semblent capables de se projeter. Un jeune étudiant à Sciences-Po peut affirmer sans rougir qu'il veut devenir président de la République, personne n'y trouvera rien à redire. On jugera même ça mignon, tout au plus dira-t-on de lui qu'il est fort ambitieux. Qu'une jeune fille ou même une femme s'y essaie, et elle provoquera l'hilarité. Les hommes ont un potentiel de carrière politique beaucoup plus grand que les femmes. Cela commence sur les bancs de l'ENA, s'ensuivent le réseautage, les promotions, les cooptations, les déjeuners et les dîners, les think tanks de ceci ou de cela, les cartes de visite, etc. Cette vision de la politique est peut-être caricaturale et il n'est sans doute pas bon de continuer à la véhiculer ainsi en ces temps de grande défiance. Il y a des femmes à l'ENA et de nombreux hommes politiques ont suivi des parcours bien plus singuliers et complexes, mais il n'en reste pas moins que c'est un schéma dont les femmes sont exclues faute de pouvoir s'y projeter. Elles doivent compter sur un alignement de planètes extrêmement hasardeux, ou bien sur la loi sur la parité, et même là il faut encore un sacré concours de circonstances pour réussir.

Paradoxalement, grâce aux lois sur la parité et à l'émergence de figures politiques fortes en France ou à l'étranger comme Ségolène Royal, la chancelière allemande Angela Merkel, la Première ministre néo-zélandaise Jacinda Ardern, les femmes sont devenues une sorte de vertu politique, une valeur ajoutée pour les partis. Dans un monde politique en crise souvent jugé hors sol, corrompu, brutal, les femmes apparaissent comme une solution miracle. Elles seraient plus douces, auraient moins d'ego, seraient plus concrètes dans leurs engagements, plus sincères aussi. C'est un sentiment très fort, dans l'opinion publique mais aussi chez les intéressées. Pour Manon Aubry, les femmes ont moins besoin de prendre la lumière que les hommes, cela se voit dans leur comportement mais aussi dans la manière dont se déroule leur carrière politique, dans leurs actions. Même son de cloche chez **Olivia Polski**, adjointe socialiste à la maire de Paris, pour qui les femmes s'engagent non pas pour faire carrière mais par conviction. « Les femmes ont moins d'ego que les hommes » : cette phrase est très souvent revenue dans la bouche de mes interlocutrices.

Je ne saurais dire si les femmes ont vraiment moins d'ego que les hommes, si elles sont plus douces, plus accessibles, plus sincères dans leurs engagements qu'un homme. Dans les témoignages que j'ai rassemblés, j'ai essayé de trouver des points de convergence, des fils conducteurs qui permettraient non pas de dresser un portrait type des femmes politiques, bien sûr, mais d'interroger la nature de leur engagement, de leurs combats et de leurs parcours. Il y a des spécificités à cet engagement et aux combats qu'elles incarnent, ne serait-ce que parce que leur parcours est *de facto* une conquête, celle de l'égalité dans les lieux de pouvoir mais aussi dans la société. Cependant, ce qui m'a marquée après ces interviews, ce n'est pas tant les traits communs, qui sont pourtant nombreux, que la diversité de leurs parcours, la multiplicité de leurs engagements, les ramifications faites de hasards et de rencontres, le croisement des luttes, les anecdotes.

Un engagement féministe

Dans une société patriarcale, les femmes sont assignées à l'espace privé, elles sont avant tout mères et épouses. Aujourd'hui, malgré les grands bouleversements sociaux du XXIe siècle, leur place dans la société est encore très marquée par cette catégorisation. Il est donc normal que l'engagement des femmes en politique s'enracine dans le combat féministe. Écartées purement et simplement du système politique jusqu'en 1945, elles sont par essence dans l'opposition, attachées à lutter pour leurs droits et pour une représentation plus équitable. Leur visibilité politique a d'ailleurs contribué à imposer dans le débat public des questions jusque-là fort commodément reléguées dans la sphère de l'intime et du quotidien : la sexualité, la maternité, les violences faites aux femmes, l'égalité salariale, etc. De grandes figures de la politique comme Françoise Giroud et Yvette Roudy ont accédé au pouvoir en luttant pour les droits des femmes.

C'est l'engagement féministe qui a amené **Lauren Lolo**, élue municipale à Fosses (Val-d'Oise), à faire de la politique : « Mon engagement politique vient de mon engagement féministe. » En comprenant, petite fille, qu'être une femme n'était pas neutre, pas plus qu'être une femme noire, elle a vu la politique s'imposer à elle. C'est la lecture des afro-féministes américaines puis la découverte en France d'une communauté d'idées avec des afro-féministes telles que Kiyémis, Mrs Roots ou encore Fania Noël qui lui ont servi de moteur et l'ont aidée à articuler ses convictions. Même chose pour **Fanny Hattery**, ancienne militante PS et fondatrice de Toutes ambitieuses, agence de conseil sur l'égalité femmes-hommes au travail. Elle s'est engagée en politique à son retour d'un long séjour aux États-Unis, peu après l'élection de Donald Trump. Voir une femme, Hillary Clinton, perdre contre un candidat dont tout le monde pensait que c'était une blague, et savoir qu'en face de lui, si un homme s'était présenté il aurait été élu, a été comme un électrochoc.

Sandrine Rousseau est revenue en politique après la nomination de Gérald Darmanin dans le gouvernement d'Édouard Philippe en 2017. Elle parle d'un véritable sursaut féministe. « Je retourne dans l'arène politique en me disant : nous devons mettre nos corps dans ce débat politique, par notre présence même nous devons imposer que le sujet des violences sexuelles et sexistes soit un sujet politique. Sinon, eh bien, ça se referme immédiatement derrière la parole des victimes », a-t-elle déclaré au micro de France Culture. L'engagement peut aussi s'enraciner dans un militantisme féministe beaucoup plus concret. Si **Isabelle Rakoff** s'est présentée à des élections locales à Clamart, c'est parce qu'elle voulait lutter à l'échelle de sa ville contre les violences conjugales et les violences faites aux femmes et pour rendre visible leur rôle de citoyennes dans la ville autant au quotidien que dans le développement social et économique.

Née à Moscou à une époque où il n'y avait ni hommes ni femmes et seulement des camarades, Diana Filippova, conseillère d'Anne Hidalgo, a grandi dans un environnement où être une femme n'était pas un obstacle, tout était possible. Elle le reconnaît elle-même : « J'ai longtemps ignoré que j'étais une femme. » Mais dans le sillage du mouvement #MeToo et des affaires Matzneff et Duhamel, le déni n'est plus possible. Après avoir été cofondatrice de Place publique avec Raphaël

Glucksmann, Thomas Porcher et Claire Nouvian, elle a voulu s'engager auprès d'une femme. Anne Hidalgo est une figure extraordinaire pour elle. Qu'elle soit une fille d'immigré·e·s, arrivée en France à 2 ans, qu'elle vienne d'un milieu social modeste, tout cela a contribué à son engagement auprès de la maire de Paris. À ses yeux, elle est une *free rider*, une « entrante ». C'est une figure importante, un « rôle modèle ». Pour toutes ces femmes, le féminin et le féminisme sont des valeurs très fortes, la porte d'entrée vers un engagement politique qui s'enracine au cœur de la vie intime et quotidienne.

La convergence des luttes

Le féminisme croise souvent d'autres prises de conscience et d'autres combats. Après une opération du dos qui l'a laissée temporairement paralysée, Lauren Lolo a eu envie de s'engager de manière plus concrète et de passer à l'action : « Je me suis retrouvée en fauteuil roulant et je ne pouvais rien faire. C'est politique, ça ! » Tout comme il est politique de venir de Clichy-sous-Bois, ville qui s'est embrasée en 2005 après la mort de deux jeunes adolescents, Zyed Benna et Bouna Traoré. **Aminata Coulibaly-M'Bengue**, jeune militante à Génération·s, parti créé en 2017 par Benoît Hamon, s'est engagée très tôt en politique. Elle a 17 ans lorsqu'elle entre au MJS (Mouvement des jeunes socialistes) et ses deux « portes d'entrée », pour reprendre son expression, sont le féminisme et le militantisme LGBT. Elle dit d'ailleurs que ce n'est pas la voie la plus facile, car le Parti socialiste, comme nombre de partis de gauche, est encore très marqué par l'idée que seules comptent la question ouvrière et celle de la domination de classe, et qu'une fois celles-ci réglées, tout le reste suivra.

Pour d'autres, la clé se trouve dans leurs origines sociales. Quand on vient d'un milieu défavorisé, la politique s'invite dans la vie tous les jours. **Valérie Petit** est née à Meaux, au sein d'une famille modeste, dans une cité depuis laquelle le monde politique paraissait inatteignable – et en même temps nécessaire si l'on voulait changer sa trajectoire et celle des autres. **Frédérique Dutreuil** s'est, elle, retrouvée à la rue à 15 ans : « On porte le poids du milieu dans lequel on vit et ce qui va déterminer mon engagement très tôt, très jeune, c'est que je comprends que j'ai peu de chose pour m'en sortir, si ce n'est le droit. » L'engagement d'**Édith Cresson** vient en partie de son expérience de la guerre. Alors âgée de 5 ou 6 ans, elle a vu des adolescents s'engager dans la Résistance, des petites filles juives cachées, des gens tués. C'est d'ailleurs le père d'une amie, camarade de résistance de François Mitterrand, qui lui présentera ce dernier, ce qui constituera le point de départ de sa carrière politique.

Certaines expériences nous obligent à voir à quel point le monde est clivé et à prendre conscience de l'impact que peuvent avoir certaines de nos actions, et celles des autres aussi.

L'héritage familial

Il y a aussi des héritages qui vous plongent dans l'engagement, presque malgré vous, parfois. C'est le cas de **Zerrin Bataray**, conseillère régionale dans l'Isère, dont les parents sont kurdes. C'est à la fin du mandat de Sarkozy, une période très anxiogène pour l'immigrée qu'elle est, qu'elle s'est engagée auprès du Parti socialiste. « Je suis fille d'ouvrier, beaucoup de choses m'interpellent. » La députée **Nadia Essayan**, née en Côte d'Ivoire de parents palestiniens, a, elle aussi, grandi dans une famille où tout était très politique, où il fallait se trouver une existence et une place dans le monde en dehors de l'étiquette « réfugiée ». Même si leur engagement ne porte pas sur la cause kurde ou palestinienne, la conviction précoce que les enjeux politiques sont importants a modelé leur personnalité.

Andréa Kiss, vice-présidente adjointe en charge des espaces publics de Bordeaux Métropole sous la bannière Génération·s, place la source de son engagement dans l'histoire de son père, réfugié politique hongrois. Elle a été élevée dans une famille avec de vraies idées de gauche, où la chose publique et les affaires du monde étaient discutées et considérées comme importantes. Olivia Polski s'est, elle, investie en politique en 1998, au moment où certaines élections, notamment les régionales, commençaient à être marquées par des alliances entre la droite et l'extrême droite. Elle est petite-fille de résistants juifs, et la question du racisme et de l'antisémitisme est au cœur de son engagement au Parti socialiste, auprès de Lionel Jospin qui, à l'époque, incarnait les valeurs qu'elle souhaitait défendre.

La famille est un endroit où se forgent les convictions et où se font les éducations politiques. C'est grâce au soutien de ses parents que **Léa Engamba**, référente Les Jeunes avec Macron pour le Puy-de-Dôme, s'est lancée en politique alors qu'elle n'était âgée que de 18 ans. Sa mère, élue locale à Clermont-Ferrand, affiliée au Parti socialiste, l'a soutenue dans sa démarche. **Marie Luccioni**, référente La République en marche pour la Corse, s'est engagée en politique sur les traces de son père, maire de la petite ville où elle a grandi.

La République en marche

La création de La République en marche, en 2016, a aussi été un déclic pour de nombreuses femmes. C'était un parti jeune, qui se construisait, dans lequel des membres de la société civile, inexpérimenté·e·s, avaient leur place aux côtés des poids lourds de la politique. **Caroline Janvier** s'est engagée dès 2016 avec confiance et enthousiasme, portée par ce nouvel élan, la perspective de sortir de la « popol », la politique politicienne. « On se rapprochait, m'a-t-elle raconté, de ce qui se faisait dans les pays d'Europe du Nord. » **Céline Calvez** s'est elle aussi engagée à ce moment-là et s'est retrouvée référente pour deux arrondissements parisiens. Les candidates et candidats devaient remplir un formulaire en ligne pour dire quels étaient leurs convictions et le temps dont chacune et chacun disposait pour contribuer au parti. Sur 10 000 candidatures, on n'a compté que 1 000 femmes. C'est très peu et c'est révélateur : seules 1 000 femmes se sont senties légitimes et autorisées à se lancer. L'autocensure, de fait, constitue un grave obstacle à la parité.

Le 28 janvier 2017, Emmanuel Macron lance un appel aux femmes, via Facebook, à rejoindre les rangs de La République en marche. Valérie Petit, députée de la 9e circonscription du Nord, répond présente. Son cas est intéressant : elle s'était déjà engagée dans la politique des années auparavant avant de raccrocher les gants, lassée d'un monde qu'elle jugeait trop vieux et trop étriqué pour son tempérament franc et dynamique. Elle est sensible à la promesse de Macron : « On va faire les choses différemment, on va changer les règles. » Léa Engamba, qui s'est engagée entre les deux tours de la présidentielle de 2017, a trouvé dans ce nouveau parti un état d'esprit accueillant et bienveillant. Elle s'est sentie en confiance, autorisée à être jeune et surtout inexpérimentée. En 2021, alors que j'écris ces lignes et que le mandat d'Emmanuel Macron touche à sa fin, les règles n'ont pas changé et les choses se font exactement comme elles se sont toujours faites : de manière verticale et très centralisée, à LREM comme ailleurs. Reste qu'Emmanuel Macron a su trouver les mots pour donner confiance aux femmes, pour les faire se sentir légitimes et susciter des engagements.

Le militantisme associatif

Faute de pouvoir envisager la politique comme une carrière, les femmes s'engagent d'abord dans des mouvements associatifs et militants. Beaucoup de femmes politiques ont d'abord été militantes au lycée, à l'université, d'autres ont eu un investissement féministe, antiraciste ou écologiste, certaines étaient engagées auprès d'associations de parents d'élèves ou d'associations de lutte contre la précarité. Parmi les femmes avec qui j'ai échangé, rares sont celles qui ne sont pas passées par la case « associatif ».

Danièle Obono, députée La France insoumise de la 17e circonscription de Paris, a commencé à militer contre le Front national au lycée et lors de mobilisations altermondialistes à Montpellier pour soutenir José Bové. Elle y a rencontré des militants d'Attac. En arrivant à Paris, elle s'est progressivement engagée dans le milieu militant politique. En 2017, elle a découvert une autre scène politique, la scène médiatique et institutionnelle, qui lui était inconnue. C'est à travers la construction d'abord du Front de gauche et de LFI que le caractère institutionnel de la politique lui est apparu et qu'elle en a fait l'expérience en étant élue.

Zoé Lorioux-Chevalier, conseillère municipale Génération·s à Poitiers, s'est engagée à la suite du mouvement contre la loi ORE (Orientation et réussite des étudiants) durant lequel elle a rencontré un camarade qui était responsable politique. De fil en aiguille, elle a pris sa carte à Génération·s.

Ce lien entre engagement militant étudiant et engagement politique n'est pas propre aux femmes, beaucoup d'étudiantes et d'étudiants expérimentent leur premier engagement politique via des associations telles que l'Unef (Union nationale des étudiants de France), l'UNI (Union nationale interuniversitaire), la Fage (Fédération des associations générales étudiantes), etc. Pendant longtemps, ces associations étaient d'ailleurs considérées comme des « écuries » pour celles et ceux qui souhaitaient commencer une carrière politique. D'ailleurs, de nombreuses figures politiques françaises sont passées par l'Unef : Jack Lang, Olivier Besancenot, Benoît Hamon, François Hollande, Lionel Jospin, Clémentine Autain, et d'autres. Malheureusement, comme dans beaucoup de lieux de pouvoir où les hommes dominent, les femmes sont victimes d'abus et de violences. En novembre 2017, *Le Monde* publie une « enquête sur un système de violences sexistes au sein du syndicat étudiant Unef », qui met au jour « le fonctionnement sexiste et dominateur de cadres masculins du syndicat étudiant et les pressions sur des militantes entre 2006 et 2013 ».

Émilie Cariou, députée LREM de la Meuse, a milité avec l'association des Familles laïques, qui faisait de l'éducation populaire dans les banlieues et notamment auprès de familles récemment arrivées en France. Elle participait à l'aide aux devoirs. C'était un engagement politique très fort pour elle. Elle voulait aider les enfants qui n'avaient pas les mêmes chances que les autres. « On allait dans les cités, dans les familles d'immigré·e·s, c'était une plongée dans un monde qui n'était pas spécialement le mien », reconnaît-elle. Dans les années 1990, elle fait partie des personnes qui ont créé Ras l'Front à Bordeaux, mouvement qui était ouvert à tous les partis de gauche pour lutter contre le Front national et les idées d'extrême droite.

Parce qu'elle rêvait de devenir médecin, avec des amies, **Habiba Bigdade** a monté une association tournée vers l'action humanitaire. Elle a ainsi été amenée à rencontrer des élu·e·s socialistes à Nanterre, la ville où elle a grandi, et c'est comme ça qu'elle est entrée en politique. Elle est aujourd'hui encore militante à la Ligue des droits de l'homme en tant que présidente de la fédération des Hauts-de-Seine.

Manon Aubry, députée européenne LFI, était la porte-parole d'Oxfam France sur les questions d'évasion fiscale lorsque, en 2018, Jean-Luc Mélenchon est venu lui proposer de prendre la tête de la liste LFI pour les élections européennes. Elle le reconnaît elle-même, son travail chez Oxfam était très politique, puisqu'il s'agissait d'obliger les multinationales à payer leurs impôts et de combattre la suppression de l'impôt sur la fortune. Bien qu'il existe un certain consensus sur ces questions dans l'opinion publique, Manon Aubry avait l'impression que cette action n'était pas efficace : les lois étaient retoquées ou contournées. C'est ce qui l'a poussée à accepter la proposition de rejoindre La France insoumise, à quitter son poste chez Oxfam pour faire de la politique à temps plein et sous l'étiquette d'un parti.

Judith Shan, conseillère municipale PS à Boulogne-Billancourt, est entrée en politique par les associations de parents d'élèves et du cadre de vie. Elle a été élevée par des parents d'origine chinoise, et la politique était taboue dans sa famille. Il ne lui était jamais venu à l'idée que la politique pouvait gérer nombre d'aspects de la vie quotidienne. C'est en devenant mère qu'elle a compris que les citoyennes et les citoyens avaient bien peu de pouvoir et qu'il fallait les aider. Elle a pris la tête d'une association de parents d'élèves à Boulogne-Billancourt et c'est là qu'elle a découvert les inégalités qui se cachent derrière le terme « école publique ». En 2006, elle entre au PS grâce à des rencontres mais aussi parce que ses engagements associatifs s'y retrouvaient.

Sans venir du monde associatif, certaines décident de cumuler leur mandat avec un engagement associatif. Lauren Lolo a créé Cité des chances, une association qui promeut l'engagement politique auprès des jeunes de banlieue. En dépit d'un emploi du temps chargé, Frédérique Dutreuil continue à s'engager dans des associations de quartier.

Ces dernières années ont aussi été marquées par l'émergence d'un militantisme féministe et écologique dont la convergence des luttes mène à l'écoféminisme. L'écoféminisme dénonce le capitalisme patriarcal comme un système qui pille et exploite le corps des femmes et la planète. Ce mouvement a vu le jour dans les années 1970 et a gagné en popularité au lendemain de la COP21, en 2015. Depuis, de nombreuses femmes ont rejoint ce mouvement. Les jeunes s'y retrouvent aussi, et certaines personnalités politiques n'hésitent pas à s'en revendiquer, comme l'ont fait Delphine Batho ou encore Julien Bayou lors de la campagne pour les régionales. Europe Écologie Les Verts (EELV) est d'ailleurs officiellement écoféministe depuis 2019 et beaucoup de femmes se revendiquant écoféministes l'ont rejoint ces dernières années. À EELV, **Clémence Dollé**, militante et membre de l'équipe de campagne de Sandrine Rousseau, a découvert l'écoféminisme sous un autre jour et c'est cela qui l'a convaincue de s'engager en politique. Elle avait une vision presque ésotérique de l'écoféminisme, dans lequel elle avait de plus en plus de mal à se retrouver notamment sur la sacralisation du féminin qui tombe parfois dans l'essentialisation. Faire de la politique a été une manière de rendre plus concrètes ses convictions politiques. Le retour en politique de Sandrine Rousseau a accéléré ce mouvement. Elle est l'une des principales figures de l'écoféminisme en France, qu'elle décrit comme « le refus de la prédation ».

Après avoir écrit un plaidoyer pour la Justice, *La Justice dans la peau*, **Claudine Cordani**, militante EELV, a compris qu'elle était écoféministe. Pour la première fois, elle mettait un mot sur son engagement. C'est un discours de Julien Bayou qui l'a convaincue que c'était auprès de ce parti qu'elle voulait militer car il portait ses valeurs. Puis Sandrine Rousseau lui a paru concentrer tout ce qu'elle attendait d'une figure politique et Claudine Cordani a décidé de rejoindre son équipe. Pour elle, un parti qui se revendique écoféministe doit favoriser l'ascension d'une femme à sa tête.

D'autres, avant même de rejoindre un parti, ont découvert l'écoféminisme en même temps qu'ils commençaient à militer. C'est le cas d'Athénaïs Michel, présidente du parti Allons enfants : « J'ai découvert l'écoféminisme depuis que je suis engagée politiquement, avant j'étais écolo et féministe mais je ne faisais pas forcément la jonction. » Ces dernières années, on assiste ainsi à une certaine forme de « politisation » de l'écoféminisme. On observe le même phénomène chez certaines militantes antiracistes qui ont décidé de rejoindre un parti politique parce qu'il leur semblait promouvoir les valeurs qu'elles défendaient. **Soraya Mechtouh**, élue francilienne Génération·s, qui militait auparavant pour la régularisation des sans-papiers, a rejoint Génération·s parce que l'antiracisme fait partie du positionnement du parti, c'est même quelque chose d'identitaire chez eux. Avant la création du parti, Benoît Hamon s'exprimait déjà beaucoup sur les questions antiracistes et de laïcité. Cette dimension s'est approfondie, notamment grâce à des personnalités comme Salah Amokrane, Joséphine

Delpeyrat, Aïssata Seck quand elle était porte-parole, et plus récemment avec Thomas Portes. « Je n'aurais pas pu m'engager dans un parti qui pratique l'inversion de la culpabilité entre racistes et antiracistes », affirme-t-elle.

Le militantisme et l'action associative sont une porte d'entrée en politique, notamment dans les partis de gauche. Entrer dans un parti est une manière de prolonger un engagement, d'articuler plus profondément ses convictions. Il existe cependant une grande méfiance entre les deux univers, bien qu'ils soient intrinsèquement liés. Certaines militantes associatives rejettent catégoriquement ce qui est de l'ordre de l'institutionnel. D'autres, comme Manon Aubry et Zerrin Bataray, ont au contraire le sentiment que les deux sont complémentaires et que, s'il n'est pas accompagné d'une logique et d'une dynamique politique, l'activisme est moins efficace.

Faire pour les autres

> **“Je ne suis pas venue en politique pour brasser de l'air, ou pour agiter des théories. Je suis venue pour l'inverse : faire des choses concrètes pour les gens. J'ai besoin que mes idées délivrent quelque chose qui ait de l'impact sur le quotidien de ma voisine.”**
>
> **Valérie Petit**

« Agir concrètement », « aider les gens », « s'investir localement », « être efficace » : la majorité des femmes que j'ai interrogées revendique un enracinement associatif et local.

Cette proximité, cet engagement « sur le terrain » est important pour elles. C'est dans sa propre vie quotidienne, au moment d'inscrire sa fille de trois ans à l'école, que Judith Shan a vu ce que c'était que la politique. Elle a découvert à quel point les citoyennes et citoyens et les administrées et administrés ne choisissent pas vraiment leur vie et sont dépendant·e·s de quotas, de pesanteurs géographiques et de critères sociaux. « C'est comme ça que je suis rentrée dans le sujet, après avoir franchi cette première étape seule, parce que c'était une découverte de ce qu'était le système administratif. Je n'avais pas été confrontée dans mon enfance, dans ma vie étudiante, à des questions liées à l'administration, parce que je ne me suis pas posé de questions, je n'ai pas pensé à demander des APL, je ne savais même pas que tout ça existait. Donc ça a été mon premier contact avec ce qu'est la politique finalement, dans la vie quotidienne des citoyennes et des citoyens, et je m'y suis ensuite intéressée en tant que parent d'élève. » D'ailleurs, quand elle a annoncé à sa mère qu'elle s'était lancée en politique, cette dernière s'est figuré qu'elle ferait le même travail que la dame qui tient le guichet d'accueil à la mairie. Pour bon nombre de gens, la femme ou l'homme politique, c'est cette personne-là, sympathique, qui vous aide à régler vos problèmes en vous orientant vers le bon bureau.

Pour **Jill-Maud Royer**, en charge des outils numériques à LFI, les réussites politiques sont aussi des réussites techniques. Elle est fière de ce qu'elle a accompli en tant qu'informaticienne pour son parti. Cet investissement n'est pas toujours visible, mais il est nécessaire et participe en un sens au combat politique. **Aurélia Andreu** s'est engagée en politique après la présidentielle de 2017. Elle a proposé ses compétences de DRH à des députées et députés PS, afin de les accompagner lors de discussions dans le cadre de la loi Pacte et de les aider à mener une réflexion autour des cotisations patronales : il s'agissait de moduler ces dernières en fonction de l'impact RSE (responsabilité sociétale de l'entreprise). L'amendement n'a pas été voté, mais cela lui a permis de voir tout le travail de fond qui sous-tend la politique. **Emma Antropoli** est maire adjointe à la jeunesse, à la politique de la ville du Pré-Saint-Gervais. Pour elle, son rôle en tant qu'élue est de se dire : « Qu'est-ce que je fais concrètement pour les jeunes de ma ville qui ne trouvent pas de travail ? » Un aspect pratique qui tranche avec la réflexion théorique qu'elle effectuait auprès d'un think tank politique.

« Faire sa part », « avoir l'honneur de servir », « arrêter de râler et faire quelque chose », « il y a des gens qui comptent sur nous » : pour ces femmes, la politique n'est pas un destin personnel ou une idéologie, mais un engagement nourri de choses intimes, de hasards, de rencontres et d'une volonté non pas de marquer l'histoire et de changer le monde, mais plus modestement d'agir au plus près et au plus juste. Il serait toutefois réducteur de cantonner les femmes à des rôles d'agent de proximité, toujours dans l'empathie, expertes en organisation (c'est bien connu !), toujours prêtes à faciliter la vie quotidienne de leurs concitoyennes et concitoyens, à coups de jardinières devant les immeubles et de karaokés dans les Ehpad. Leur longue lutte pour l'égalité les a en effet de fait placées dans un rapport au politique qui se développe hors des lieux de pouvoir dits « institutionnels ». Mais loin d'être seulement un frein, cette position singulière leur offre aussi la possibilité de faire de la politique d'une autre manière et de déployer leur « puissance d'agir ». Elles aussi veulent changer les choses et découvrent – peu importe que ce soit parfois malgré elles – que pour y arriver, il n'est pas forcément nécessaire de trôner en haut de la pyramide.

Une ambition

> **“Moi, j’avais envie d’être élue,
> j’avais envie d’avoir des responsabilités,
> j’avais envie de devenir ministre.”**
>
> **Marisol Touraine**

Cet enracinement « local » et affectif ne doit pas venir renforcer l’idée que les femmes ne s’intéresseraient pas au pouvoir proprement dit, qu’elles seraient seulement concernées par la solidarité, par l’efficacité immédiate. Lorsque j’ai décidé de me lancer dans l’écriture de ce livre, j’ai fait le choix d’interroger des femmes avec des profils très différents : il m’importait de montrer que faire de la politique, ce n’était pas seulement être Premier ministre et serrer la main de Barack Obama et de Vladimir Poutine. J’ai rencontré de très jeunes femmes encore à l’aube de leur engagement et de leur carrière, des femmes issues de milieux pas toujours favorisés, ou qui vivent loin de Paris et de sa scène politico-médiatique. Pour nombre d’entre elles, la question de la carrière et du prestige n’était de toute façon pas ou plus envisageable ni envisagée. Il ne sera donc pas question ici de grand destin politique, pas plus que de savoir si les femmes sont plus ou moins ambitieuses que les hommes. Il n’en reste pas moins que toutes, quelle que soit la manière dont se déploie leur engagement, éprouvent une grande fierté du chemin parcouru et des tâches accomplies. Elles ont de l’ambition pour elles, pour leur famille, pour leur pays, qui ne se manifeste pas nécessairement par des rêves de grandeur, mais plutôt par une persévérance et une ténacité hors norme.

Marisol Touraine revendique clairement son rapport au pouvoir : « Toutes les femmes ne s'intéressent pas au pouvoir, mais il y en a, dont je fais partie, qui veulent plus de responsabilités. [...] Moi, j'avais envie d'être élue, j'avais envie d'avoir des responsabilités, j'avais envie de devenir ministre. » Elle deviendra ministre de la Santé et des Affaires sociales sous le quinquennat de François Hollande et tiendra les trois remaniements et les cinq années. Frédérique Dutreuil, élue dans le 9e arrondissement de Paris, se verrait bien accéder à des fonctions plus importantes au niveau européen ou national. Nadia Essayan affirme qu'elle voyait ses mandats, même dans l'opposition, comme un investissement profond et sérieux, avec la volonté d'être là et d'occuper le terrain, qui résume sa vision de la politique.

L'aventure collective

“J'ai trouvé dans l'engagement beaucoup de rétribution et d'intérêt.”

Laurence Rossignol

Je voudrais m'arrêter ici un moment sur ce point-là : la joie de faire de la politique. Lors de nos entretiens, il a été question de difficultés et d'injustice mais aussi d'élan, d'enthousiasme, de plaisir de débattre, d'envie d'y aller. Lorsqu'elle a commencé à militer à l'Union des étudiants communistes, **Hélène Bidard**, aujourd'hui adjointe au maire de Paris à la question de l'égalité femmes-hommes, a tout de suite été happée par la passion de la politique. Elle y a consacré son temps et s'est épanouie dans cette ambiance collective. Lorsqu'elle est revenue de sa première réunion chez Génération·s, **Nesrine Mechkar**, actuellement élue d'opposition Génération·s à la ville de Bron, a lancé à sa mère : « Maman, c'est génial, je veux passer toute ma vie là-bas, je veux passer toute ma vie en politique. » Elle parle même de « révélation » et d'« alléluia ». Militer, c'est aussi une manière optimiste de voir le monde, même si les réveils sont parfois difficiles. C'est la possibilité d'affronter l'injustice et la violence de notre société dans la chaleur des idées partagées, dans la puissance du collectif. Cette dimension collective est importante dans un pays où la politique est trop souvent considérée comme un destin personnel. C'est aussi une manière de mettre son ego et son narcissisme de côté, de se sentir moins seule aussi. Pour **Laurence Rossignol**, sénatrice et vice-présidente du Sénat, la condition des femmes artistes est bien plus difficile que celle des femmes politiques, qui ont la possibilité de s'inscrire dans une expérience collective.

Se lancer dans une carrière politique est un sacerdoce et demande beaucoup de sacrifices, surtout lorsqu'on est une femme. Il faut un dévouement total, une énergie démesurée, cela veut dire de ne pas être souvent auprès des siens, de travailler tous les jours parfois, mais c'est aussi une incroyable aventure humaine. Valérie Petit raconte la campagne pour les européennes aux côtés de Daniel Cohn-Bendit comme un épisode plein d'entrain. Tracter le dimanche matin avec les autres militantes et militants, boire un coup à la fin d'une réunion ou d'un conseil municipal pour prolonger le débat, échanger des idées avec les habitantes et habitants de la circonscription : cette vision « bonne vivante » de la politique est partagée entre autres par **Clémentine Barbier** ou Andréa Kiss. Cette représentation de la politique peut sembler chiraquienne, ou très romantique, mais elle met l'accent sur un aspect de l'engagement politique qui s'est un peu dissous dans la réalité du pouvoir exécutif tel qu'il s'exerce sous la Ve République : un chef d'État tout-puissant, élu tous les cinq ans, au suffrage universel et en mettant en avant sa seule personne. L'engagement politique est perçu par les femmes comme une aventure collective, en étroite collaboration avec les citoyennes et les citoyens, les électrices et les électeurs.

> **“J'ai perdu souvent, mais malgré cela, l'aventure de la campagne était si riche que cela en valait la peine.”**
>
> **Nadia Essayan**

Les femmes font-elles de la politique différemment ? La réponse à cette question est complexe, mais une chose est sûre : j'ai été saisie par la diversité du parcours des femmes que j'ai interviewées, la générosité dont elles font preuve, leur humour et leur modestie, leur persévérance. Si l'on en croit les chiffres et les statistiques, il y a très peu de chances que l'une d'entre elles devienne un jour présidente de la République ou même Première ministre. Personnellement, je continue d'y croire, et en attendant, je garde en tête cette phrase que m'a dite Nesrine Mechkar : « Il n'y a pas besoin de changer les lois pour changer la vie des gens. » Les hommes sont d'emblée considérés comme des « hommes politiques » : des lois portent leur nom, les journalistes, en les décrivant, parlent de leur « poids politique », de leur influence, de leur puissance. Mais est-ce suffisant ? Les femmes politiques ne sont peut-être pas pour l'instant des femmes si puissantes, mais ce sont des femmes engagées. Elles sont là, elles font des choses. Elles sont simplement trop peu nombreuses.

Les intruses

“Les femmes ne sont pas étrangères à la vie publique, elles sont étrangères aux postes de pouvoir.”

Émilie Cariou

Elles sont socialistes, marcheuses, républicaines, insoumises ou écologistes. Elles viennent de Marseille, de la Meuse, de la Corse, du Pré-Saint-Gervais ou de Paris. Elles ont 21 ans, 34 ans, 52 ans ou 87 ans. Elles sont députées, élues municipales, anciennes ministres ou militantes. Elles viennent d’un milieu social aisé, modeste ou défavorisé. Elles sont blanches, racisées, catholiques, musulmanes ou athées. Elles sont hétérosexuelles, lesbiennes, non binaires ou trans. Les femmes que j’ai interrogées ont des parcours et des profils tous différents, et finalement leur seul dénominateur commun, à part leur genre, ce sont les discriminations, les blocages et les freins auxquels elles ont toutes, sans exception, été confrontées dans l’exercice de leurs fonctions en tant qu’élues ou militantes.

Après avoir obtenu le droit de vote, les femmes sont passées du statut d’exclues à celui de quota. Une case à cocher. Au mieux une simple valeur ajoutée, au pire une intruse, mais jamais une évidence démocratique. Les raisons de cette situation ne sont pourtant pas mystérieuses. Elles tiennent à deux facteurs plus ou moins liés : le monde politique a été construit par les hommes avec des valeurs masculines dont l'articulation visait presque toujours à assurer la perpétuation de cette exclusion. L'opposition aux revendications des féministes, depuis la Révolution française jusqu'à l'obtention du droit de vote, repose sur cet argument : puisque le pouvoir est affaire de fermeté et de domination, les femmes, douces et faibles, ne peuvent pas, « par essence », y prendre part. L'obtention du droit de vote et les lois sur la parité ont introduit une difficulté supplémentaire : dès lors que l'on donne une place à une femme, on la retire à un homme. Comment ne pas imaginer, dans ces conditions, que les hommes, consciemment ou inconsciemment, ne se serrent pas les coudes pour faire barrage ?

Aujourd'hui, aucune loi n'autorise le milieu politique à être si peu inclusif : c'est une situation de fait. Une situation où les femmes rencontrent des obstacles qui les dissuadent de s'engager en politique et qui, parfois, les empêchent de poursuivre leur carrière politique ou d'accéder à davantage de compétences. Tout semble organisé pour qu'elles dépensent une énergie folle dans un parcours semé d'embûches, parfois désespérant, parfois même carrément violent, condamnées qu'elles sont à rester sur la bande d'arrêt d'urgence, à vérifier inlassablement la pression des pneus et le niveau de l'huile de moteur, pendant que les hommes, confortablement installés au volant, continuent à faire du 130 km/h sur l'autoroute de la légitimité et du pouvoir.

Ces difficultés résultent de plusieurs éléments. Les femmes doivent affronter non seulement les codes de l'exercice du pouvoir qui ne leur sont pas familiers ni favorables, mais aussi des facteurs structurels liés à leur statut de femmes dans une société patriarcale (la gestion du temps, la charge mentale, les médias, le réseau, etc.).

A men's world

> **“La politique est un monde masculin, codifié par les hommes.”**
>
> **Laurence Rossignol**

Le monde politique a une solide réputation : celle d'être un milieu difficile, violent. Pour tout le monde, hommes et femmes, il est difficile d'y entrer et encore plus de mener une carrière durable. Il suffit de voir les séries comme *House of Cards*, *Marseille* ou encore *Baron noir* pour comprendre la teneur de l'imaginaire politique ordinaire : il faut dominer, écraser, jouer des coudes pour accéder au pouvoir, et il faut dominer, écraser et jouer des coudes pour asseoir son autorité, son pouvoir.

Fiction ou réalité ? Toujours est-il que cette représentation du pouvoir est très forte en France, pays habitué à un exercice vertical et descendant du pouvoir depuis l'absolutisme. Cette verticalité a été confortée avec la Constitution de 1958 et la mise en place de la Ve République, où le chef de l'État jouit d'un pouvoir qui, en dehors des périodes de cohabitation, est quasiment absolu. Et ainsi, tous les cinq ans, nous sommes sommé·e·s de nous déplacer dans les bureaux de vote pour élire ce fameux « chef », tout miser sur une seule personne et accentuer encore un peu plus une vision surplombante du pouvoir.

Le monde politique s'est donc construit sur l'idée de la domination, de la virilité et de la force. Il s'agit d'être « pugnace », d'avoir un « enracinement local », des « compétences de terrain » et de « connaître ses dossiers ». C'est un univers où le doute, la faiblesse ne sont pas bien vus. Les représentations sociales se sont ainsi forgées autour de ce préjugé : les enceintes du pouvoir sont viriles et les femmes n'y sont pas à leur place. On se souvient d'ailleurs de la réaction de Laurent Fabius en 2007 lorsque Ségolène Royal a décidé de se présenter à l'élection présidentielle : « Mais qui va garder les enfants ? » À mesure que les femmes ont pénétré les sphères de pouvoir, paradoxalement, ces stéréotypes se sont accentués. Les femmes se retrouvent systématiquement renvoyées aux qualités de leur genre. Tout au plus peuvent-elles prétendre à s'occuper des affaires d'éducation et de santé publique, elles qui savent comme personne réchauffer un biberon et faire réciter les tables de multiplication. Pour Laurence Rossignol, c'est cette invisibilisation des femmes qui est le plus pervers et le plus humiliant. « Il y a les sujets nobles, où il y a du pouvoir, de l'argent, que les hommes se sont gardés : la défense, les finances, etc. Et comme il a fallu faire de la place pour les femmes, on les a renvoyées à ce qui était naturel pour elles, c'est-à-dire : la condition des femmes, la famille, le social, la santé, etc., sujets considérés comme mineurs, et cela contribue à les invisibiliser. »

Les femmes qui se lancent en politique doivent répondre à deux injonctions apparemment contradictoires. D'un côté, investies des valeurs qu'on prête à leur sexe et de leur rôle social de mères et d'épouses, elles sont censées injecter une dimension plus humaine et plus douce dans l'espace politique. Qui mieux qu'elles sait ce que c'est que de se dévouer aux autres ? De l'autre, elles doivent se fondre dans des codes très masculins qui leur échappent, ne surtout pas trop jouer de leur féminité, de peur de se retrouver dans une position de victimes et de ne jamais répondre aux attentes liées à la fonction politique.

Dans ces conditions, les femmes n'ont d'autre solution, pour exister, que de se couler dans le moule, d'adopter ces codes, d'y adhérer et de s'y conformer. Selon **Marie Colson**, militante socialiste, si la parité est une excellente chose, elle a aussi peut-être accéléré une certaine forme de mimétisme, car quand les femmes sont arrivées dans ce monde excessivement viriliste, elles ont pour beaucoup adopté ses codes afin de se faire une place. C'est ce qu'a décidé de faire Laurence Rossignol après avoir constaté qu'il était difficile d'être à la fois aimée et respectée : elle a choisi de se faire respecter.

Pour Emma Antropoli, les femmes doivent nécessairement adopter certains des codes de la virilité pour pouvoir s'affirmer en politique. Elle considère tout de même que ces codes évolueront quand les femmes seront davantage présentes sur la scène politique et que l'on assistera à un réenchantement de la politique, avec des codes plus adaptés à la société actuelle. Mais pour cela, et pour le moment, il faut que certaines jouent le jeu afin d'imposer leur présence.

Pendant longtemps, elles ont dû « se fondre dans la masse des hommes », calquant leurs codes vestimentaires sur les leurs. Il fallait éviter les couleurs vives, les cheveux trop longs, se montrer distante et professionnelle. Dans leur discours aussi, les femmes politiques évitaient de mettre en avant le fait d'être une femme, le sujet était souvent contourné. La femme politique était un homme comme un autre. S'est ainsi développée une image « thatchérienne » de la femme politique, inspirée de la célèbre Première ministre anglaise réputée pour sa froideur et ses tailleurs en tweed. Cette vision, par définition, est caricaturale, mais elle répond aussi à un imaginaire collectif puissant.

L'autre option est de se mettre dans l'ombre d'un homme, de se faire coopter en quelque sorte. Ce soutien masculin est aussi ce qui leur permet de durer. Édith Cresson a été soutenue par François Mitterrand, Rachida Dati, par Nicolas Sarkozy. Marine Le Pen, femme de pouvoir, est un contre-exemple évident quand il s'agit de déplorer le manque de pouvoir des femmes dans l'arène politique. Quelle carrière aurait-elle eue si elle n'avait pas été la fille de son père ? Son pouvoir et sa longévité reposent, en grande partie, sur un héritage.

Les années 2000 et les lois sur la parité semblent avoir contribué à l'émergence d'une nouvelle dynamique ou en tout cas à de nouvelles dispositions. Certaines femmes décident malgré tout de résister et d'imposer leur propre manière de faire. La candidature de Ségolène Royal en 2007 est à ce titre à la fois exemplaire et représentative. Pour la première fois une femme politique revendiquait ouvertement sa féminité, mettait des tenues colorées, montrait dans la presse sa famille et sa maternité, sans se départir de cette fameuse autorité tant chérie par les électrices et les électeurs. Tout cela alors même qu'elle visait le plus haut sommet de l'État. Son opposition à Nicolas Sarkozy a réactivé les bons vieux stéréotypes, achevant de la renvoyer à sa seule féminité, et elle a fini par être victime d'un déchaînement de misogynie. Elle constitue toutefois une étape importante dans la représentation que l'on se fait de la femme politique. Elles sont plus nombreuses maintenant à afficher une féminité assumée sans que soit remise en cause leur compétence politique.

Zoé Lorioux-Chevalier s'inscrit dans cette droite ligne. Elle revendique de ne pas adopter les codes masculins, dans le but de faire évoluer la politique. Cela nécessite malgré tout beaucoup d'énergie. « Je me suis toujours refusée à jouer en politique avec ces codes masculins, mais je me rends compte aussi que même si tu refuses de jouer avec ces codes-là, à un moment donné, pour renverser la table, t'es un peu obligée de te faire adopter dans leur monde. Parfois je n'ai pas la force de me battre pour faire changer un peu leur fonctionnement et leurs mentalités. C'est fatigant ! Et puis la lutte politique actuellement est super dure. On est dans une période où ce n'est pas simple. Tu te retrouves dans ton propre camp à devoir lutter contre des gens avec lesquels tu devrais être. Et c'est là où tu te rends compte que tu ne te bats pas contre des personnes. Tu te bats contre un système. Un système qui s'est immiscé un peu partout, et dans la sphère politique particulièrement. Encore aujourd'hui, trouver des candidates pour une élection, c'est difficile. Les responsables politiques sont majoritairement des hommes, et effectivement, ça parle de pouvoir, ça parle de supériorité. Dans mon entourage politique, j'ai la chance d'avoir des femmes pour qui la sororité, c'est vraiment important. Mais j'ai aussi eu l'occasion de rencontrer des femmes qui suivent les codes des hommes. Je trouve ça hyper dommage parce qu'on peut apporter un truc différent. »

Manon Aubry aussi veut montrer qu'il est possible de faire de la politique différemment. Elle raconte s'être écrit une lettre à elle-même où elle a mis toutes les raisons pour lesquelles elle s'est engagée et toutes les lignes rouges qu'elle ne voulait pas franchir, toutes les choses qu'elle ne voulait pas faire, y compris ces codes hyper virilistes de la politique, « comme aller sur CNews et crier plus fort ». Cette lettre, elle l'a envoyée à des amies très proches, qui ne font pas du tout de politique et qui sont les garantes du bon respect de ces règles. Mais cela reste très difficile et elle sait qu'elle s'engage sur une voie qui demande beaucoup d'énergie. Elle identifie d'ailleurs deux types d'attitudes développées par les femmes dans le milieu politique. Soit elles adoptent les codes des hommes virilistes et deviennent des soldats bien adaptés à l'univers guerrier qu'est la politique, soit elles partent sur la pointe des pieds. Elle parle même d'une « stratégie exit », comme on pourrait l'analyser en sociologie. Cela consiste à s'éclipser sans bruit en se disant : « Ce monde-là n'est pas le mien, il n'est pas fait pour moi, donc je le quitte. » Petit à petit, les formations politiques se vident des femmes, qui sont déjà moins nombreuses à s'engager en politique, et à la fin, les représentants politiques sont essentiellement des hommes. C'est extrêmement difficile, au milieu de tout cela, de tenir bon et de durer sans adopter ces codes masculins.

Cette forme d'exclusion est d'autant plus efficace qu'elle est systémique : les représentations collectives se nourrissent de ces valeurs viriles et concourent à les perpétuer inlassablement. Qu'un homme, soudain, vienne à flancher, à douter, et on le lui reprochera aussitôt. Il n'est pas rare qu'on critique un homme politique pour son manque de fermeté, sa faiblesse même. Il faut s'imposer, « régler les choses entre hommes ». Les électrices et les électeurs cautionnent et valident, sans doute malgré elles et eux, cette vision masculine du pouvoir, et à chaque élection présidentielle, elles et ils le manifestent. L'échec de Jospin aux élections présidentielles de 2002 est bien sûr lié à tout un tas de facteurs, mais on lui a aussi beaucoup reproché son prétendu « manque de charisme », sa manière d'analyser alors qu'il faudrait agir en permanence. Ce procès en « manque de charisme » est systématique, presque un cliché, Benoît Hamon en a aussi fait les frais en 2017. C'est le jugement ultime, qui résume à lui tout seul la disqualification d'un candidat. Mais qu'est-ce que le charisme, sinon une forme déguisée de domination, puisque la personne charismatique, par sa seule présence, séduit et influence les gens ? Ces petites phrases, « Il ou elle n'a pas de charisme », « Il ou elle n'a pas les épaules », par opposition à « C'est un sacré tribun » et « C'est un homme d'envergure », font partie de nos clichés mentaux et il est parfois compliqué de s'en départir. Ces codes semblent aussi conditionner la survie de certains mouvements politiques. Face à la crise de représentation, des partis comme La République en marche se sont donné pour mission d'opérer un changement, de faire différemment, de féminiser les cadres et de favoriser l'émergence de profils hors norme. Mais pour durer, ils se retrouvent contraints de revenir à l'ordre établi et de faire appel à des personnalités issues des partis traditionnels et qui maîtrisent ces codes afin de ne pas disparaître. Les principaux cadres de La République en marche sont d'anciens membres du Parti socialiste ou du parti Les Républicains.

Il est très difficile de modifier des comportements, des codes qui ne sont pas réellement formalisés. Ils ne sont pas toujours simples à identifier et donc à contourner. On pourrait aussi les résumer très simplement : les hommes prennent ensemble des décisions sans consulter les femmes. Ce n'est pas sans rappeler ces fameux clubs londoniens, où les riches du royaume se rassemblent pour boire du whisky et discuter des affaires économiques et politiques. C'est là que se jouent les alliances, les cooptations, là aussi qu'on signe les contrats, etc. On parle souvent de l'effet « boys club », et le terme est souvent revenu dans nos conversations. Les hommes politiques se serrent les coudes, se rendent des services, se pistonnent, etc. Ils savent où aller, à quelle porte frapper. Car ce n'est pas seulement le fait d'être un homme qui leur donne du pouvoir, c'est surtout de s'organiser entre hommes. L'efficacité de cette organisation repose sur l'idée que le masculin serait neutre et universel. À l'épreuve de la réalité, c'est une illusion, bien sûr : il s'agit d'une stratégie d'exclusion, pour ne pas avoir à inclure d'autres que soi et à partager le gâteau du pouvoir.

Et de fait, il leur arrive de s'organiser entre eux pour écarter les femmes qu'ils identifient comme des menaces. Parfois encore, la stratégie politique implique de « sacrifier » des femmes pour ficeler des accords. Lorsque j'ai demandé à la députée LREM **Claire Pitollat** si elle envisageait de se représenter, elle m'a répondu ceci : « Oui ! Mais je vois déjà tous les gens qui lorgnent sur ma circonscription. On me parlait de Laurent Nuñez, par exemple. Donc c'est compliqué. J'ai une circonscription qui est plutôt centre-droit, donc si Macron est dans une situation où il veut trouver un accord avec la droite, peut-être que ce sera un poids lourd de la droite qui sera investi. » Habiba Bigdade, adjointe au maire de Nanterre, a été victime de ce type d'arrangements entre amis lorsque Benoît Hamon a fait en sorte de l'écarter de la circonscription où elle devait se présenter en 2012, pour y placer un de ses proches. Sandrine Rousseau a d'ailleurs remarqué au cours de sa carrière que même des hommes qui se détestent peuvent à un moment donné s'organiser pour évincer une femme. Pour Marisol Touraine, cette solidarité peut constituer un obstacle de taille pour les femmes, notamment au moment des investitures, lorsque les hommes s'entendent entre eux pour récupérer les circonscriptions gagnables et laisser les non gagnables aux femmes.

D'autres ont vu cette solidarité émerger et jouer en leur défaveur lorsqu'elles ont cherché à obtenir des postes avec davantage de responsabilités. C'est ce qu'a vécu **Yaël Braun-Pivet** quand elle a voulu se présenter à la présidence de son groupe à l'Assemblée nationale. « J'ai beaucoup de collègues qui venaient me voir pour me demander d'être candidate à la présidence du groupe, et le bureau du groupe a adopté une règle pour dire que, pour se présenter à la présidence de groupe, il fallait démissionner des fonctions que l'on exerçait dans l'institution. Donc très clairement, cette règle était destinée à freiner ma candidature parce qu'il aurait fallu que je démissionne de la présidence de la commission des lois pour candidater à la présidence du groupe. Beaucoup me voyaient bien placée mais j'ai renoncé, je n'y suis pas allée parce que je n'ai pas voulu prendre le risque de perdre la présidence de la commission. Cette règle semble avoir été inventée sur mesure pour m'écarter. » L'éviction de Yaël Braun-Pivet a donc été faite sur la base d'une règle inventée par le bureau du groupe, « validée par personne » pour reprendre les termes d'une élue de la majorité.

Au-delà des tactiques politiques et des petits arrangements entre amis, l'entre-soi masculin en politique s'illustre à travers des réseaux bien définis et très soudés. La sociologue Françoise Gaspard parle de « fratriarcat », qu'elle définit comme un « pacte tacite entre "frères" ». Selon elle, « après de longues années de pratique "fraternelle", les institutions résistent à la mixité[1] ».

Dans les faits, cette solidarité masculine s'illustre de diverses manières et se retrouve à tous les niveaux de pouvoir, comme le souligne Émilie Cariou, qui rappelle que notre président de la République a préféré s'entourer presque exclusivement d'hommes. On a beaucoup parlé de la garde rapprochée d'Emmanuel Macron, de ses dîners 100 % masculins. C'est sans doute habituel, mais les exemples de cette préférence masculine se comptent à la pelle, et ils sont d'autant plus inacceptables que le président avait fait de la parité son cheval de bataille. Comment interpréter la nomination de Gérald Darmanin comme ministre de l'Intérieur alors même qu'il était visé par une enquête concernant une accusation de viol ? Et même, la nomination de Jean Castex pour diriger le gouvernement ? Comment les femmes qui se sont investies dans La République en marche ont-elles réagi à la soudaine nomination à cette haute fonction d'un élu local auparavant chargé d'organiser le déconfinement, aussitôt légitime et légitimé ?

Jill-Maud Royer résume assez bien la situation : les hommes, plus qu'ils n'excluent les femmes, s'incluent entre eux dans des cercles informels. D'après **Paula Forteza**, c'est dans ces fameux cercles informels que tout se joue. « Ils se sentent beaucoup plus libres quand ils sont entre eux, à ne pas devoir être politiquement corrects. Finalement, ils sont plus confortables, plus à l'aise. Du coup, c'est à ces moments-là, dans ces milieux, que les vrais deals se passent, que les choses se décident. » Nadia Essayan a, elle aussi, remarqué que dans ces cercles masculins, les bonnes informations circulent. Après trois ans de mandat, elle ne savait toujours pas qu'elle pouvait présenter sa candidature à une présidence de mission d'information. Les femmes doivent se renseigner par elles-mêmes.

Ces réseaux se constituent généralement lors de moments informels auxquels les femmes ne participent que très rarement parce qu'elles n'y sont quasiment jamais invitées ou parce qu'elles n'ont pas la possibilité de conjuguer la vie domestique et les exigences de la politique.

Les bonnes vieilles habitudes

La voix au chapitre

Lorsque la députée **Mathilde Panot** est arrivée à l'Assemblée nationale en 2017, sa collègue la députée Clémentine Autain lui a conseillé de parler bas quand elle prenait la parole dans l'hémicycle car le son est calé sur une voix masculine. Il n'a pas fallu longtemps à Mathilde Panot pour remarquer ce que presque toutes mes interlocutrices m'ont rapporté : lorsqu'une femme s'exprime s'élève soudain un brouhaha, tandis que quand c'est un homme, le calme se fait. Ces indélicatesses sont presque systématiques, ce qui fait dire à Laurence Rossignol que lorsqu'une femme prend la parole, c'est toujours le moment où les hommes se rappellent qu'ils ont une chose très importante à dire à leur voisin. Autre exemple : la députée **Fiona Lazaar** a un jour posé une question au rapporteur d'un projet de loi ; celui-ci l'a ignorée avant de répondre à un collègue qui lui a posé exactement la même question. Même les femmes ont tendance à plus facilement couper la parole aux femmes qu'aux hommes. Frédérique Dutreuil se fait régulièrement interrompre par la maire de son arrondissement. Il est encore plus simple de couper les micros des femmes. C'est ce qu'a fait le maire de Boulogne-Billancourt, Pierre-Christophe Baguet, avec le micro de l'élue EELV **Pauline Rapilly-Ferniot**, pendant un conseil municipal au cours duquel elle dénonçait les comportements sexistes de certains adjoints au maire. Dans le même esprit, lors d'une réunion de son groupe politique au conseil départemental de Côte-d'Or, une jeune élue départementale sans étiquette s'est vu arracher son micro alors qu'elle était en train de parler.

Cela peut paraître anecdotique, voire comique, on pourrait aussi mégoter, dire que ce ne sont que des cas isolés, mais la question de la prise de parole est l'un des aspects les plus flagrants de la discrimination des femmes en politique. Non seulement elles ont parfois du mal à s'assurer de leur légitimité à parler, mais quand enfin elles s'y autorisent, soit on leur coupe la parole, soit on ne les écoute pas. Or, la prise de parole est un outil de pouvoir extrêmement puissant. Qui manie la dialectique occupe l'espace, conquiert les esprits.

Les hommes sont légitimes partout et tout le temps, là où les femmes sont plus hésitantes. On a beaucoup parlé du « mansplaining », cette façon qu'ont certains hommes d'expliquer des choses sur un ton souvent paternaliste à une personne, homme ou femme, qui en sait pourtant plus long qu'eux. Peu importe ce que l'on a à dire quand on est certain d'être systématiquement écouté. Les femmes refusent plus que les hommes de parler pour ne rien dire, et cela accentue encore cette inégalité de parole. Dans une réunion, par exemple, si une chose a déjà été dite, une femme rechignera à la répéter une nouvelle fois, elle préférera se taire.

Dans les partis et au sein des diverses assemblées, la prise de parole reste encore assez peu paritaire. Il n'est pas rare que les débats se déroulent entre hommes dans une forme de non-mixité extrêmement problématique. Certains partis politiques font des tentatives pour rééquilibrer les prises de parole. Au sein du conseil fédéral d'EELV a été mise en place une règle qui veut que lorsqu'un homme prend la parole, une femme doit prendre la parole après. Mais selon **Julie Nicolas**, élue EELV à Lille, cette manière de faire a aussi des effets pervers. Il est courant d'entendre des hommes déplorer que les femmes ne veuillent pas prendre la parole pour que les hommes puissent s'exprimer. Ce qui est une façon de leur renvoyer la responsabilité. Au sein de La France insoumise, il y a parfois des doubles tours de prise de parole avec une liste féminine et une liste masculine afin que les hommes ne mobilisent pas le temps de parole.

Il faut encore avoir recours aux fameux quotas, et c'est sur les femmes que repose la responsabilité de trouver une solution à une situation injuste, ce sont elles qui doivent s'aligner sur un fonctionnement immuable, jamais remis en question.

Les femmes bossent et les hommes se pavanent

Les femmes politiques ont aussi le très net sentiment de travailler plus que leurs homologues masculins. Là encore, il faut se garder d'essentialiser. La paresse ou le cœur à l'ouvrage sont bien évidemment également répartis entre les individus quel que soit leur sexe. Il n'en reste pas moins qu'on observe souvent, dans les partis ou les institutions politiques, une répartition des tâches où les femmes turbinent pendant que les hommes embrassent leur destin de stratèges politiques.

C'est en tout cas ce qu'a remarqué Aminata Coulibaly-M'Bengue, jeune militante Génération·s, où les militants et militantes se répartissent en binômes paritaires. Ce qui est une bonne chose, sauf que les femmes sont souvent cantonnées aux tâches administratives, là où les hommes se chargent des missions plus politiques. À l'Assemblée nationale, les femmes président davantage de groupes d'études que les hommes et les hommes président plus de groupes d'amitié parlementaire que les femmes. Ce qui fait dire à Claire Pitollat que « les hommes président les groupes d'amitié pour pouvoir voyager pendant que les femmes bossent ». Par ailleurs, chiffre aussi anecdotique que révélateur : au sein du groupe La République en marche, les députées étaient largement majoritaires (69 %) parmi les membres qui ont suivi une formation (participation spontanée) en 2017-2018.

J'ai moi-même souvent eu l'occasion de travailler avec des attachées parlementaires et j'étais sidérée de voir leur charge de travail. C'est d'ailleurs une des motivations qui m'ont poussée à lancer mon podcast Popol. Je me disais : ces femmes travaillent d'arrache-pied, tous les jours elles font de la politique et personne ne les entend, personne ne voit tout le travail qu'elles fournissent. Comme le résume très bien Manon Aubry, qui produit la majeure partie de la pensée économique de La France insoumise : « C'est souvent comme ça dans les organisations politiques. Les hommes vont faire les trucs qui prennent la lumière et les femmes vont faire le boulot de fond. » Pour Judith Shan, les femmes sont moins prétentieuses, elles passent moins de temps à se gargariser de ce qu'elles ont fait, vont faire, etc. Travailler les dossiers de manière technique, c'est aussi une forme de pudeur. Cela leur permet de moins s'exposer tout en se raccrochant à des choses concrètes.

La députée Émilie Cariou dénonce carrément un accaparement du travail des femmes par les hommes. C'est un fléau contre lequel il faut impérativement lutter : « Les hommes n'ont pas de scrupule à s'approprier le travail des femmes ou fait avec des femmes. On passe ainsi, et sans difficulté, d'une coparenté ou d'une maternité à une paternité pure et simple du travail. À l'inverse, un tel comportement n'existe pas chez les femmes. Cela ne leur viendrait même pas à l'esprit. » Lorsqu'elle était « whip » (cheffe de file pour le groupe de La République en marche) de la commission des finances, Émilie Cariou pouvait compter les hommes qui restaient en séance nocturne sur les doigts d'une main… « Ils sont très occupés, tu comprends. Tenir les séances de nuit, c'est un truc de bonne femme ! Faire une réunion de majorité autour du Premier ministre, ça c'est un truc de bonhomme ! »

Cette répartition des tâches s'inscrit dans une tradition patriarcale où les femmes s'activent en cuisine tandis que les hommes discutent dans le salon en faisant tourner le cognac dans leur verre. L'image frôle le cliché, mais l'impression demeure tenace, de même que l'assignation et la répartition des rôles. Cette vision des choses n'est pas nécessairement valorisante pour les femmes, qui apparaissent alors comme des personnes besogneuses, bonnes à classer des dossiers, mais dénuées de toute vision et de tout instinct politique.

Parité numérique et parité de responsabilité : les dangers de la répartition genrée

Claire Pitollat est l'une des nombreuses femmes à avoir répondu à l'appel d'Emmanuel Macron incitant les femmes à venir le rejoindre. Pour elle, il était fondamental que toutes les compétences puissent être représentées. Car malgré les lois sur la parité, les responsabilités politiques restaient encore très mal réparties. Ce n'est pas parce qu'il y a 50 % de femmes qu'elles ont le même pouvoir que les hommes. La fameuse répartition genrée, qui consiste à reléguer les femmes à des questions dites mineures comme l'éducation, le sport et les affaires sociales et à laisser aux hommes les finances, la sécurité et les relations internationales, est une machine à exclure les femmes du pouvoir. Au début de sa carrière, Hélène Bidard craignait de s'investir sur des questions trop féministes car c'est une niche dont on ne s'extrait pas facilement, un créneau qu'on occupe parce qu'il n'y a pas de place pour les femmes aux transports ou aux affaires internationales.

Il y a la parité numérique et la parité de responsabilité, et les deux choses sont bien différentes. C'est pour lutter contre cette parité de façade que Claire Pitollat a créé un observatoire informel au sein du groupe LREM à l'Assemblée, « afin de dépasser la parité purement numéraire » et de respecter la volonté du président de la République, qui avait insisté, en pleine campagne présidentielle, sur la nécessité d'aller au-delà de la « parité de façade ». Elle y a cru et s'est servie de cet argument pour rappeler aux membres de son groupe qu'il leur revenait de donner l'exemple en la matière.

C'était sa mission en arrivant à l'Assemblée. Quand elle y est entrée, elle s'est dit : « Maintenant j'apporte mes compétences et ce que j'ai appris. » Pour avoir travaillé sur les mêmes situations en entreprise, elle a vite vu que, derrière la parité de façade, seuls les hommes tenaient le budget, ou géraient les postes institutionnels à l'Assemblée, et que de tout cela, personne ne s'étonnait. Ou quelques-uns, mais leurs protestations étaient le plus souvent balayées d'un : « Oui mais il est plus compétent. » Mais non, il doit forcément y avoir des femmes aussi compétentes puisque le groupe est paritaire ! Alors, Claire Pitollat a voulu étudier ce problème en s'appuyant sur des chiffres. Désireuse de voir les choses avancer, elle a pris moult précautions afin de ne pas se mettre ses collègues à dos, car elle a très vite remarqué, et elle n'était d'ailleurs pas la seule, que la question restait épineuse et les réactions épidermiques au sein du groupe LREM. La plupart jugeaient que puisque la parité était acquise dans leur groupe, eh bien, la meilleure ou le meilleur serait choisi·e. Pour chaque poste, c'était : « Que le meilleur gagne. » Il n'y avait plus de soucis à se faire. Mais c'est justement dans cette apparente parité que réside le piège, car à baisser la garde, les femmes seront certes investies ou élues mais ne seront pas en responsabilité autant que les hommes. Claire Pitollat juge avec agacement cette forme de désinvolture, car pour l'avoir vu maintes fois en entreprise, malgré des propositions équivalentes, elle sait que les femmes finissent toujours par être laissées sur le carreau.

Claire Pitollat continue de considérer que sa démarche était très positive. Cette prise de conscience concernant la parité numérique et la parité de responsabilité aura été une bonne manière, pour la majorité, de montrer l'exemple à l'Assemblée nationale. Claire Pitollat poursuit son travail : régulièrement, elle discute avec ses collègues pour montrer combien c'est important. Pendant un an, elle a rassemblé les chiffres, édifiants. Elle a également cherché à faire adopter, en vain, un amendement pour modifier le règlement de l'Assemblée nationale afin de pouvoir disposer de données genrées sur les prises de parole au sein de l'hémicycle. Malgré tout, le bilan n'est pas si décourageant. Aurore Bergé, par exemple, a eu le poste de présidente de groupe déléguée. Elle favorise aussi le débat sur une plus juste égalité entre les femmes et les hommes.

Ce sentiment d'une parité de façade est également partagé par un certain nombre de femmes qui occupent pourtant des postes avec d'importantes responsabilités. C'est le cas de la présidente de la commission des lois de l'Assemblée nationale, Yaël Braun-Pivet. Selon elle, toute une zone du monde politique demeure impénétrable, cette zone où se prennent les décisions, de manière formelle ou informelle. Les ténors de La République en marche ont par exemple un petit déjeuner de la majorité auquel n'assiste aucune femme. Comment sont organisées ces rencontres ? Par définition, elle ne le sait pas et ne le saura sans doute jamais puisqu'elle n'y est pas invitée. S'y rendent le Premier ministre, le ministre des Relations avec le Parlement, le président du groupe, le président de l'Assemblée nationale, le président du parti : que des hommes. C'est là que les orientations de la majorité sont prises. Sans qu'une seule femme soit présente.

Ce phénomène est loin d'être un fait isolé ni propre au groupe de la majorité. La parité était une volonté forte d'Emmanuel Macron, pourtant tout porte à croire que c'est un échec. Les vieux réflexes persistent : la parité, lorsqu'elle ne découle pas d'une obligation légale, est difficile à atteindre, comme en témoigne la députée La France insoumise Mathilde

Panot, pour qui il faut encore bousculer les pratiques, notamment à l'Assemblée nationale. Elle raconte que son élection en tant que vice-présidente du groupe n'était pas une évidence et que le soutien du « boss » l'a aidée : « Si je suis vice-présidente, c'est aussi parce que Jean-Luc Mélenchon m'a imposée. »

« Pardon, je ne voulais pas vous déranger avec votre petite famille »

La question du temps est essentielle en politique. Il s'agit d'une activité qui s'exerce généralement en dehors du temps de travail. Aussi, pour participer aux réunions, aux meetings et autres commémorations, faut-il être disponible, voire très disponible à certaines périodes (campagnes électorales, congrès du parti). Mais il y a aussi le temps du « réseautage », ce temps informel fondamental au cours duquel les liens se créent et certaines décisions se prennent : les cafés, les déjeuners, les dîners, ces situations plus ou moins détendues où l'on se donne des claques dans le dos, où l'on parle des services rendus, etc.

Pour s'engager en politique, il ne suffit pas d'en avoir la volonté et l'envie, il faut également être dans une situation qui le permette, ainsi que le soulignent les chercheuses Elvita Alvarez et Lorena Parini : « S'engager en politique ne peut découler uniquement d'une conviction idéologique, mais est également le produit des conditions matérielles de vie des individus, elles-mêmes le fruit, entre autres, des rapports sociaux de sexe. L'engagement dans la vie politique est une activité sociale qui nécessite du temps et une disponibilité psychologique et matérielle. De plus, l'insertion des personnes dans des réseaux producteurs d'opportunités de mobilisation favorise le sentiment de compétence politique et par conséquent stimule la participation[2]. »

Or, les femmes ont moins de temps car elles doivent souvent s'occuper de leur foyer, des enfants, en dehors de leur temps de travail ; les réunions sont tardives, elles se prolongent souvent par un moment convivial au bistrot, où les femmes sont rarement conviées. Fanny Hattery parle même d'un « capital social » qu'il faut acquérir par des biais non institutionnels, comme les cafés en ville, les déjeuners chez les unes, les uns, les autres – des activités très chronophages. Cela explique notamment pourquoi des personnes actives et a fortiori les personnes avec des enfants en bas âge ont du mal à s'investir en politique.

La politique se fait sur le temps des loisirs, ou celui consacré à la famille, et les femmes ont beaucoup plus de scrupules à déserter ces plages horaires. Sandrine Rousseau l'a fait et a trouvé ça très difficile. Selon elle, ce qui est différent pour une femme par rapport à un homme, c'est qu'aux yeux de la société, faire de la politique n'est pas une excuse valable pour s'absenter en ce qui concerne les femmes. On va comprendre qu'un homme ait une réunion publique, mais pour une femme on ne comprend jamais que ça peut être plus important que le temps passé auprès de ses enfants ou de ses parents vieillissants, ou même de ses amies et amis. Certaines élues, à l'instar de la députée Fiona Lazaar, auraient aimé qu'il y ait des aménagements, notamment pour les jeunes mamans : des réunions moins tard, une crèche à l'Assemblée nationale, par exemple. Manon Aubry, quant à elle, imagine qu'elle devra sans doute abandonner la politique si elle veut des enfants.

La tension entre la vie domestique et la vie publique est cruciale en politique, et pas seulement là, d'ailleurs : dans le milieu professionnel aussi. D'autant que cette tension se conjugue à d'autres contraintes, financières et sociales. Tout le monde n'a pas les moyens de se payer une baby-sitter, sans parler d'habiter à deux pas du palais Bourbon. Voilà de quoi disqualifier une bonne partie de celles et ceux qui aspirent à se lancer en politique. Et cela aboutit à l'homogénéité du pouvoir : les hommes y prédominent. Pour Elvita Alvarez et Lorena Parini, lorsqu'on réfléchit aux conditions nécessaires pour un engagement politique actif, il est difficile de négliger l'inégalité sociale entre les femmes et les hommes. De nombreuses études ont mis en lumière les domaines dans lesquels les discriminations de sexe perdurent. « Il en est ainsi de la division sexuelle du travail, processus social qui structure les rapports sociaux de sexe par une assignation des femmes principalement à la sphère familiale et des hommes à la sphère publique[3]. »

Cette assignation constitue aussi un frein notable à l'engagement des femmes en politique. D'après Manon Aubry, c'est même un vrai problème : « À l'échelon local, on a beaucoup de mal à avoir des femmes autant impliquées dans le militantisme, parce que ce sont elles qui s'occupent de leur vie de famille, même quand elles sont de gauche. » La situation est encore plus compliquée pour les mères célibataires qui n'ont pas les revenus suffisants pour faire garder leurs enfants, comme l'explique Claudine Cordani : « Je n'avais pas le temps de participer aux réunions le soir, parce que je n'avais pas les moyens de payer une nounou pour ma fille. » Ou pour les étudiantes qui doivent également travailler pour payer leurs études : « Lorsqu'on est étudiante et qu'on doit travailler à côté, m'a dit Lauren Lolo, c'est très compliqué de dégager du temps pour s'engager en politique. »

D'autres ont la chance d'avoir des compagnons qui les épaulent beaucoup et qui leur ont permis de mener leur carrière politique. C'est ce que raconte Marisol Touraine :

« Les réunions sont systématiquement à 21 heures, alors que moi, la première fois que j'ai été élue, mes trois enfants étaient petits, ils avaient entre trois et six ans. Objectivement, si mon mari n'avait pas été hyper soutenant, ça aurait été très compliqué. Il a renoncé à des postes pour que je puisse être élue. Je sais aussi ce que je lui dois. » Lorsqu'elle était députée, Marisol Touraine avait pourtant décidé de ne jamais travailler le dimanche et a été vivement critiquée à cause de cela mais elle a réussi à l'imposer avec le temps. Les femmes que j'ai rencontrées ont été nombreuses à faire l'éloge de leur compagne ou de leur compagnon, à me confier combien elles et ils étaient patient·e·s, qu'il y ait des enfants ou non d'ailleurs. La réciproque n'est pas forcément vraie, et **Johanna Roquet**, militante EELV en Occitanie, a souvent entendu ses proches louer la patience de son conjoint : « Tu as de la chance de l'avoir. » Certes, mais on ne dirait pas ce genre de chose de la compagne d'un homme politique.

Et pour celles qui auraient la possibilité de se rendre disponibles, on les assigne quand même à leurs responsabilités familiales. Alors que Caroline Janvier s'étonnait de ne pas avoir été invitée à une cérémonie dans le département où elle est élue, un élu local lui a répondu : « Pardon, je ne voulais pas vous déranger avec votre petite famille. » Jamais un homme n'aurait entendu pareille remarque.

C'est contre une image très puissante que les femmes doivent lutter si elles veulent se faire une place en politique : celle d'un homme politique toujours sur le pont, totalement dédié à la cause et aux autres, qui enchaîne les rendez-vous, toujours pressé… Ne dit-on pas d'ailleurs « avoir un agenda de ministre » ? Les charges sont énormes et demandent du temps et des sacrifices, mais pour les femmes, tout est plus difficile puisqu'il leur faut affronter en plus les assignations sociales liées à leur genre. Quoi qu'elles fassent, on leur fait sentir qu'elles ne font pas ce qu'il faudrait faire. À Rachida Dati, on a reproché d'être revenue trop tôt de congé maternité ; et Yaël Braun-Pivet a été accusée (à tort, cela dit) de vouloir prendre ses mercredis. Tant que l'activité politique s'exercera selon ces modalités, les femmes politiques auront toujours du mal à émerger.

Le rôle des médias

Il y a toujours une bonne raison de ne pas inviter les femmes à la table du pouvoir. Cette invisibilisation dépasse la sphère institutionnelle et se retrouve aussi dans l'espace médiatique. Cela n'est pas neuf : dans les médias, les femmes sont moins présentes que les hommes. C'est vrai pour les journalistes, les expertes, les reporters, mais c'est aussi vrai pour les femmes politiques. Un rapport du Conseil supérieur de l'audiovisuel relève que les femmes représentaient, en 2020, 41 % des personnes présentes sur les radios et les chaînes de télévision mais qu'elles n'occupaient que 35 % du temps de parole[4]. La presse écrite et web n'a pas de quoi pavoiser non plus, comme le démontre l'Observatoire de la parité dans la presse française, conduit par la société de veille médias Aday[5]. En 2021, on n'a compté que 18,9 % de femmes dans les médias français. Elles sont d'ailleurs moins présentes dans les articles qui parlent de politique (34 %) que dans les articles qui traitent de questions culturelles (40 %).

Mais plutôt que d'aligner des chiffres, observons la petite expérience à laquelle se sont pliées les élues de La France insoumise la semaine du 8 mars 2021. Pendant toute cette semaine-là, le parti n'a envoyé que des femmes dans les médias. Est-il utile de préciser que le bilan a été effroyable ? La présence médiatique du parti a été réduite de moitié. Certains médias ont préféré se priver de représentant de La France insoumise plutôt que de devoir recevoir une femme. Pour Manon Aubry, cette sous-représentation des femmes politiques dans les médias est accentuée par la présomption d'illégitimité qui pèse sur elles. Les journalistes ne leur faisant aucun cadeau, les femmes auront tendance à refuser d'intervenir sur des sujets qu'elles connaissent moins bien ou si elles n'ont pas assez de temps pour préparer leur intervention. On retrouve exactement le même phénomène parmi les chercheuses et les universitaires : elles auront beaucoup plus de scrupules à s'étendre sur des questions qu'elles ne maîtrisent qu'à moitié, à s'exprimer sur d'autres qu'elles connaissent parfaitement mais dans des conditions qui seraient hors de propos, voire en contradiction avec ce qu'elles veulent dire.

Cette invisibilisation peut prendre diverses formes. Certaines de mes interlocutrices m'ont rapporté qu'elles n'étaient même pas mentionnées dans certains articles. Sur des sujets qu'elle avait pourtant portés avec zèle et beaucoup de travail, Paula Forteza a vu son nom supprimé au profit de ses collègues masculins : Cédric Villani, Matthieu Orphelin ou Aurélien Taché. Elle a d'abord pensé que c'était sa faute, qu'elle n'était pas assez charismatique, qu'il fallait qu'elle s'affirme plus, mais c'est en en parlant avec ses collègues femmes qu'elle a compris qu'elle n'était pas la seule à subir ce genre de chose. En septembre 2020, Émilie Cariou a fait paraître une tribune dans *Le Journal du dimanche*, qu'elle a écrite de A à Z avant de trouver 14 signataires. La tribune est reprise par l'AFP comme suit : « Tribune signée par Matthieu Orphelin et Cédric Villani puis 13 autres députés dont Émilie Cariou ». L'info a été reprise telle quelle par *Le Monde* et dans tous les autres médias. Émilie Cariou a été littéralement expropriée de sa propre tribune. Lorsque Mathilde Panot décide de se bâillonner pour protester contre une réforme de l'Assemblée nationale visant à réduire le temps de parole de l'opposition, les médias ne citent même pas son nom. Le soir même, son père lui téléphone et lui dit : « On a parlé de toi à la télévision, mais je n'en suis pas sûr car on ne précisait ni ton nom ni ton prénom. »

Pour Jill-Maud Royer, les médias jouent un rôle très important dans le phénomène de domination des femmes par les hommes. Les guerres de pouvoir au sein des organisations politiques se gagnent souvent sur le champ de la notoriété médiatique. On devient dirigeant de son organisation politique parce que publiquement on en est aussi le meilleur représentant. Cette accession au pouvoir se construit dans la sphère médiatique et pas dans l'organisation politique elle-même. « C'est donc plus compliqué pour les femmes, qui sont moins invitées dans les médias, explique Jill-Maud Royer. Certaines expériences médiatiques sont difficiles pour les femmes. Par exemple, sur un plateau télé, quand on est un homme, on peut couper la parole autant qu'on veut, ça ne diminue pas la force de l'argumentation auprès des spectateurs, mais quand on est une femme, il faut vraiment faire très attention. Les femmes ne peuvent pas hausser le ton, couper la parole, etc., au risque d'être taxées d'hystériques. Les femmes se font même reprendre directement par les présentateurs. » Fiona Lazaar en a d'ailleurs fait l'amère expérience. Elle était la seule femme sur le plateau d'une émission de Thierry Ardisson, et celui-ci l'a interrompue en criant son prénom : « Fiona ! » alors même qu'elle venait de prendre la parole. L'épisode a bien sûr été coupé au montage, mais il a bien eu lieu.

Danièle Obono parle, elle, d'une « véritable intention malveillante » de la part de certains médias. « La moindre virgule mal placée est instrumentalisée [...], c'est pas la confrontation qui pose problème, même s'il y avait des effets très négatifs à ça. C'est vraiment la violence et les biais de genre, sexistes, racistes, et la disqualification permanente. » En août 2020, le journal *Valeurs actuelles* a publié un récit de sept pages intitulé « Obono l'Africaine », présentant la députée LFI sous les traits d'une esclave. Le magazine a été condamné pour injure raciste à caractère public en septembre 2021.

Outre une certaine forme d'invisibilisation, il faut aussi faire face à une disqualification systématique. Il suffit de taper « femmes politiques » dans la barre de recherche de son navigateur pour comprendre. Voici les premiers résultats :

— en tête, un article de *Marie France* intitulé « Les plus belles femmes politiques françaises », avec, en sous-titre, « Intelligentes et charmantes, découvrez les plus belles femmes politiques françaises » ;
— le troisième, sur le site Oh ! mymag : « Les femmes politiques les plus charismatiques de France » ;
— le quatrième, un article de *Marie Claire* : « Des femmes politiques en couple… pas comme les autres ? » ;
— un peu plus bas, dans *Elle* : « Femmes politiques : qui est la mieux habillée ? ».

À peine une semaine après la nomination de Yaël Braun-Pivet, *Le Canard enchaîné* faisait paraître un article : « Jamais le mercredi : le cas de Yaël Braun-Pivet, la nouvelle présidente de la commission des lois, donne des sueurs froides à Matignon. Officiellement elle est avocate mais elle n'a pas exercé depuis quinze ans, explique un proche d'Édouard Philippe. En fait, elle était bénévole dans une association d'aide alimentaire. Certes, c'est un très beau parcours, mais cela ne la prédestinait pas forcément, techniquement, à être présidente de la commission des lois. D'autant que ladite présidente a déjà averti ses collègues : “Le mercredi matin je ne pourrai pas être à l’Assemblée car je dois m’occuper de mes enfants.” Or c’est une demi-journée pendant laquelle les commissions se réunissent tandis que se déroule à l’Élysée le Conseil des ministres. Suggestion : déplacer le jour du Conseil des ministres. » Cette accusation est totalement fausse puisque ses enfants étaient alors suffisamment grands pour qu’elle n’ait pas à s’occuper d’eux… Mais ce n’est pas tant la fausseté de l’information qui est problématique que le ton de l’article en lui-même, qui reproduit très exactement une caractéristique du pouvoir masculin et excluant, lequel vise à disqualifier les femmes. Derrière cette obsession de la « compétence », il y a l’idée qu’il faudrait être « prédestiné techniquement » à occuper une fonction. Yaël Braun-Pivet se souvient aussi d’un article du *Monde* qui parlait d’elle mais aussi de Jacques Myard (qu’elle a battu aux législatives en 2017). Jacques Myard était présenté comme « un ténor des Républicains », et elle était toujours décrite comme « la grande blonde », « la mère de famille ». À elle les stéréotypes et les clichés féminins afin de planter le décor du procès en incompétence, à lui le poids de la fonction politique. Le plus triste étant que l’article était signé par une femme.

Difficile d’évoquer le rôle des médias dans l’invisibilisation ou la discrimination des femmes politiques sans parler d’Édith Cresson qui, lors de sa nomination en 1991, a fait l’objet d’un terrible harcèlement. Les journalistes, par exemple, se mettaient à genoux devant sa voiture pour filmer ses jambes : savoir si la ministre avait filé son collant, voilà ce qui les intéressait. Ses boucles d’oreilles étaient commentées, tant et si bien qu’elle a fini par ne plus porter aucun bijou. Le pouvoir politique et le pouvoir médiatique ont toujours été assez proches et certaines personnalités politiques comptent dans leur réseau des patrons de presse et des journalistes. Pour Édith Cresson, médias et politiques forment même un tandem, ils se renvoient la balle les uns aux autres. Une contrariété – une femme – sur leur chemin ? Ils mettent en branle la machine médiatique. C'est ce qui s'est passé lors du fameux incident diplomatique avec le Japon. Le propos d'Édith Cresson – « Les Japonais travaillent comme des fourmis » – s'adressait, en off, à Roland Dumas, alors ministre des Affaires étrangères, lequel a répété au *Canard enchaîné*, dont il était par ailleurs l'avocat, qu'Édith Cresson avait dit : « Les Japonais sont des fourmis. » Le propos n'est pas le même, et l'affaire a fait scandale.

« Vais-je savoir le faire ? » : une présomption d'incompétence

> **“Pendant longtemps, il y avait une présomption irréfragable de l'incompétence des femmes, et aujourd'hui on a basculé dans une présomption simple.”**
>
> **Frédérique Dutreuil**

Dès lors qu'elles mettent un pied dans l'arène politique, les femmes se retrouvent confrontées à leur propre incompétence. Non seulement elles portent des siècles de projections négatives – elles seraient trop émotives, trop hystériques, trop ceci, trop cela, pas assez comme ci ou comme ça –, mais elles doivent aussi lutter contre des représentations très enracinées dans l'espace politique français : le fameux « techno » qui « connaît bien ses dossiers », le vieux briscard élu et réélu cinquante fois (l'inévitable « expérience de terrain »), les « éléphants », les « barons », les énarques... Autant de termes qui marquent le poids, l'assurance, la légitimité.

Cette présomption d'incompétence nourrit un sentiment d'illégitimité qui hante les femmes en politique, parfois tout au long de leur carrière, comme le note Édith Cresson : « On n'est jamais légitimes. À leurs yeux, quoi qu'on fasse, quelles que soient les compétences, on n'est jamais considérées comme légitimes. » Lorsque François d'Aubert l'appelle « la Pompadour », c'est un exemple criant de misogynie, mais aussi une accusation d'illégitimité totalement déplacée. Quand elle est devenue Première ministre, elle avait déjà été élue de nombreuses fois et avait été ministre quatre fois. Le président nomme qui il veut, même quelqu'un qui n'a jamais été élu, c'est constitutionnel. « Mais là, même élue et avec une grande expérience, ça n'allait encore pas. »

Laurence Rossignol avoue avoir toujours eu un doute sur sa légitimité. Ce doute est renforcé par la tendance des femmes à penser spontanément qu'il y a autour d'elles des hommes qui sont plus légitimes qu'elles. Cette légitimité des hommes semble indiscutable. « Ces problèmes de confiance en soi, on les retrouve dans tous les domaines où les femmes ont longtemps été marginalisées et minoritaires, où elles se sentent comme des intruses. » Pour Sandrine Rousseau, la société renvoie aux femmes qu'elles n'ont jamais raison. En politique, cette construction sociale est très handicapante, parce qu'elle fragilise les stratégies politiques, notamment lorsqu'il s'agit de s'imposer. Manon Aubry partage ce constat et insiste sur le point suivant : c'est d'autant plus difficile que le doute n'a pas sa place en politique. Les femmes manquent d'assurance et ont moins tendance que les hommes à affirmer des choses de manière péremptoire. La députée européenne reconnaît que ses compétences sont remises en question au quotidien par des hommes qui semblent ne pas la prendre au sérieux malgré son importante expérience et sa solide expertise. À force, cette image qu'on lui renvoie la déstabilise un peu et la fait douter.

“Est-ce qu'il faut être dix fois plus brillante, dix fois plus indispensable que n'importe quel mec pour avoir confiance en soi ?”

Diana Filippova

« Vais-je savoir le faire ? » Pour **Nadine Bellurot**, sénatrice Les Républicains de l'Indre, c'est une question que toutes les femmes politiques se posent. Elles ont une certaine inquiétude à l'idée de ne pas « répondre à la demande », de ne pas être à la hauteur.

Il est très difficile pour les femmes de surmonter cette présomption d'incompétence. Pour le faire, certaines ont dû s'affirmer par la colère. « Dès qu'on s'approche de la sphère politique, immédiatement nous est renvoyée une impression d'incompétence, m'a dit Sandrine Rousseau. Moi, ça m'arrive constamment que des hommes cherchent à m'expliquer la politique. Il a fallu que je me mette en colère pour que ça s'arrête, mais je recevais des appels d'hommes du parti qui m'expliquaient la politique, et ils le font avec la certitude qu'eux savent et que toi, tu ne sais pas, et ça te délégitimise. »

Yaël Braun-Pivet admet, et elle n'est pas la seule à m'avoir soumis cette analyse, que les femmes qui réussissent en politique doivent montrer plus de ténacité, plus d'acharnement, plus de force de caractère pour accéder à certains postes et s'y maintenir, parce que personne ne les aide, personne ne leur réserve de place, personne ne leur accorde le moindre crédit d'emblée. Le maire d'une ville moyenne des Pyrénées-Orientales peut devenir Premier ministre du jour au lendemain, il est accepté d'emblée par les médias et les élus, personne n'écorchera son nom, là où les femmes devront répondre au doute et au soupçon, justifier leur expérience.

Ce sentiment d'illégitimité constitue un énorme frein, certaines y voient même une forme d'autocensure. Autocensure dénoncée par Emmanuel Macron dans son appel aux femmes de 2017. Caroline Janvier lui est extrêmement reconnaissante d'avoir mis le doigt sur ce problème : « Je me posais la question tous les jours et il a su trouver exactement les mots, le moment, le format pour donner confiance et envie à un certain nombre de femmes de se présenter. »

Les jeunes générations ne sont pas étrangères à ce sentiment d'incompétence non plus. Lauren Lolo a du mal à mobiliser les jeunes filles et à faire qu'elles prennent la parole lors des rencontres avec des responsables politiques. Bien au contraire, cette présomption d'incompétence semble même peser davantage sur les jeunes femmes, qui doivent redoubler d'efforts pour être reconnues comme compétentes, ainsi que le souligne **Léna Van Nieuwenhuyse**, collaboratrice politique dans les Hauts-de-France : « Quand on est une femme et qu'on est jeune, on doit prouver trois fois plus nos compétences, parce qu'on est jeune et parce qu'on est une femme. »

Ce sentiment d'illégitimité a été accentué par la parité dont l'efficacité et la nécessité ont été à double tranchant. Les quotas imposés ont obligé les femmes à se justifier. C'est d'autant plus vrai en France car le débat sur les quotas est complètement instrumentalisé pour continuer de légitimer le hold-up du pouvoir au bénéfice de quelques-uns. Alors que chez les Anglo-Saxons les quotas sont mieux compris, ici, ils sont souvent remis en cause au motif que cela mettrait en péril la compétence et le mérite. De là à penser qu'une femme n'est là que parce qu'elle est une femme, il n'y a qu'un pas, que certains franchissent allègrement. Sans jamais se dire que les quotas servent précisément à instaurer une plus juste répartition des compétences. Andréa Kiss, maire socialiste puis Génération·s du Haillan, a débuté sa carrière politique au moment de l'instauration de la parité. Elle a connu les grincements de dents, les préjugés : on allait mettre sur les listes des femmes incompétentes, voire pire, des femmes qui n'avaient aucune envie d'y figurer. « On était là parce que la loi l'imposait. Ça n'a pas toujours été très facile je pense pour certaines femmes. »

Dans ce contexte, les différences sociales ou scolaires sont encore plus difficiles à surmonter. Certaines femmes cumulent les handicaps : être une femme, venir d'un milieu moins favorisé, ne pas avoir fait de longues études. Au début de son engagement politique et pendant longtemps, **Aurélie Assouline**, adjointe au maire du XVIIe arrondissement de Paris, a eu le sentiment qu'avoir « seulement un BTS » faisait peser sur elle une présomption d'incompétence encore plus forte. Elle a eu l'impression que pour « monter » au niveau national au sein de son parti, elle devait faire davantage d'études. Même chose pour Frédérique Dutreuil, autodidacte qui a repris des études de droit, persuadée qu'il lui « fallait un bagage ». Valérie Petit a fait de brillantes études : Sciences-Po, Celsa, doctorat. Elle a travaillé dans des laboratoires de recherche, dans des start-up, autant de milieux masculins et parfois sexistes, mais il lui a fallu attendre ses 40 ans et son entrée dans l'arène politique et médiatique pour se retrouver dans le rôle de la blonde idiote.

Diviser pour mieux régner

Autre effet pervers de la parité : la mise en concurrence volontaire des femmes entre elles, qui crée un climat de compétition et accentue leur isolement. L'adage « Diviser pour mieux régner » prend alors tout son sens dans un contexte où la sororité peine à émerger. Cette compétition se révèle d'autant plus dure que, comme le souligne Léa Engamba, les places pour les femmes en politique sont rares et chères.

Florie Marie, porte-parole du Parti pirate, s'est, elle, sentie très isolée quand elle travaillait au bureau national d'EELV : « Parce que j'étais jeune, jolie, et parce que j'ai été embauchée par des gens qui ont rapidement quitté le parti, j'étais systématiquement mise en concurrence avec les femmes. La sororité en politique, je n'ai pas connu ça. » Ce climat crée un cercle vicieux où le défaut de solidarité entre les femmes en politique accentue le phénomène de mise en concurrence orchestrée par les hommes, et ce phénomène de mise en concurrence entrave l'émergence d'une forme de solidarité. C'est une question que se pose aussi Julie Nicolas. En politique, les rapports de force sont si violents que dès qu'il y a un enjeu de pouvoir, c'est-à-dire, le plus souvent, lors d'une élection, la sororité vole en éclats. Plus globalement, cela renforce le caractère profondément hostile de la politique pour les femmes ; elles peuvent parfois avoir l'impression de devoir mener un double combat : entre elles et contre les hommes.

S'il ne fait aucun doute que tout est fait pour que les femmes soient en compétition, on pourrait aussi penser que c'est l'instrumentalisation d'un idée très forte qui consiste à dire que les femmes ne s'entendent pas entre elles, qu'elles se battent et se jalousent, telles Gervaise et Virginie dans la fameuse scène du lavoir de *L'Assommoir* de Zola, et avec la mesquinerie en plus. Ce cliché est bien commode, mais en réalité, les femmes politiques sont surtout très isolées et contraintes de répondre en permanence à des injonctions toutes plus contradictoires les unes que les autres.

Des femmes instrumentalisées

Avec la parité, être une femme, c'est être une plus-value politique, un atout. Mais il ne s'agit pas tant de donner plus de responsabilités à une femme que de répondre aux exigences d'une opinion publique très favorable aux arguments de la parité et d'une plus juste représentativité. Les élues ont parfois le sentiment d'être instrumentalisées au sein de leurs organisations politiques à des fins purement électoralistes. Elles servent de « variables d'ajustement » ou sont mises en avant pour des enjeux de communication et d'image. Lors des élections municipales en 2008, Judith Shan s'est sentie extrêmement instrumentalisée par la personne qui était en tête de liste pour le Parti socialiste. Deux ans après son élection, elle a quitté son groupe politique avec le sentiment de ne pas être incluse dans le parti, de ne pas avoir été écoutée ni associée aux prises de décision. Que venait-elle faire là ?

Certains se servent de la loi sur la parité pour positionner des femmes qui ne leur feront pas d'ombre et pour en écarter d'autres, plus compétentes et plus ambitieuses. « En 2008, on m'a proposé de me présenter sur une liste en position d'adjointe au maire afin de sortir une femme jugée trop influente », m'a révélé Habiba Bigdade. En matière de communication, la mise en lumière des femmes fait parfois entièrement partie des stratégies définies lors des campagnes électorales. Les femmes sont ainsi « utilisées » pour donner une meilleure image aux formations politiques. Lauren Lolo l'a vécu lors d'une campagne : « Ils font leur com sur notre dos mais quand il s'agit de vraiment donner les places, on ne nous les attribue pas. » Et c'est encore plus vrai pour les jeunes : « Pour les régionales, au moment de la fusion des listes PS, EELV, LFI, les jeunes se sont retrouvées en fin de liste. » Lors des discussions pour définir les listes du premier tour pour les élections municipales de 2020, on a expliqué à Frédérique Dutreuil qu'elle ne pouvait pas être placée à telle ou telle place sur la liste parce qu'elle n'avait pas d'enfants et qu'une femme avec des enfants, c'était « plus vendeur », ou encore parce qu'elle n'appartenait à aucune communauté religieuse.

Le poids des traditions

Les femmes ne sont jamais comme il faudrait, elles ont toujours un train de retard et se heurtent sans cesse à une vision du pouvoir immuable dans ses codes et dans ses modes de fonctionnement. L'homme politique est un homme blanc d'une cinquantaine d'années. Il porte un costume gris, ne doute jamais, parle fort et distinctement. Il exerce ses fonctions dans des bâtiments magnifiques avec dorures et tapis persans, entouré d'une pléthore d'hommes comme lui, qui le conseillent et le soutiennent. Il y est question de respect, de hiérarchie, de grandes écoles, d'expertise, d'expérience. Quiconque contrevient à ces codes est un intrus, un trublion pas fiable qui viendrait tout mettre en péril avec les excentricités liées à son sexe, à sa classe sociale ou à ses différences culturelles.

Sur ce thème, l'épisode de la robe de Cécile Duflot est un grand moment de misogynie médiatico-politique, qui est aussi très révélateur de la politique telle qu'elle se vit en

France : la rigidité des codes vise à rendre difficile l'accession de tout nouveau venu à ce milieu. L'histoire est connue, mais répétons-la tant elle est emblématique : en 2012, la ministre est descendue jusqu'au pupitre de l'Assemblée vêtue d'une robe à fleurs bleues, ce qui a donné lieu à un chahut de la part des députés de droite. À l'époque, le député Laurent Wauquiez avait condamné la réaction de ses collègues tout en réfutant la qualification sexiste au motif qu'« un homme se serait présenté avec une cravate jaune fluo, les réactions auraient été les mêmes ». La rigidité du pouvoir et le poids des traditions institutionnelles ont tendance à conforter cet aspect patriarcal du système politique en France là où, dans d'autres États, règne une plus grande flexibilité institutionnelle permettant un accès plus simple au pouvoir et aux responsabilités pour les novices.

Pour Paula Forteza, qui a commencé sa carrière à Buenos Aires, le choc a été assez violent : « En arrivant en France, j'ai eu du mal à m'adapter, car en Argentine tout est beaucoup plus flexible. Il n'y a pas un État vieux de plusieurs siècles avec son historique et un lourd bagage en termes de législation, de procédures, de démarches, etc. Tout est tellement cadré en France. À chaque fois, on te bloque, il y a des freins, des obstacles. Alors là-bas tout est beaucoup plus chaotique, il y a énormément de choses qui ne fonctionnent pas ; en termes de conditions de vie, on n'est pas au même niveau, surtout en ce qui concerne les acquis sociaux et la protection sociale ; mais le revers de la médaille, c'est qu'il y a cette espèce de liberté. En travaillant à la Ville de Buenos Aires, je venais de commencer ma carrière mais j'avais ma liberté et un certain niveau de responsabilités : très jeune je pouvais lancer des programmes, des projets... Et toute cette liberté laisse de la place à la créativité, ça ouvre l'imaginaire. Les gens sont très débrouillards, ils arrivent à s'en sortir. Donc, oui, j'ai eu ce choc culturel, en arrivant, de me sentir contrainte, et c'était encore plus vrai dans mon quotidien à l'Assemblée nationale. »

La nature du jeu politique défavorise les femmes. Elles se heurtent à des facteurs structurels ou conjoncturels qui peuvent être d'une banalité affligeante, comme de ne pas pouvoir prendre la parole dans les médias, ou au contraire aussi difficiles à définir qu'une atmosphère, une certaine mentalité. Et quand tous ces garde-fous ne sont pas assez solides pour contenir les femmes, il reste toujours la manière forte : les attaques délibérées, les discriminations ouvertes.

Dans l'arène

En politique, les empoignades et les prises de bec sont monnaie courante. Les médias en raffolent et n'hésitent pas à les relayer, voire à les provoquer, pour créer le buzz. Qui ne se souvient du mémorable « Ta gueule ! », lâché par Daniel Cohn-Bendit à Martin Schulz en pleine session du Parlement européen ? Ou encore de Benjamin Griveaux, qui avait traité d'« abrutis » ses adversaires (au sein de son propre parti) à la mairie de Paris ?

Ces attaques sont exacerbées depuis l'avènement des réseaux sociaux, où les personnalités politiques s'autorisent les pires invectives envers leurs adversaires. Il y a ces attaques visibles et les provocations franches, mais il y a aussi tout un tas de petites vexations, de manières de faire insidieuses, presque inconscientes et tout aussi violentes.

Les femmes n'échappent évidemment pas à ces agressions et constituent souvent des cibles de choix. Elles font beaucoup plus souvent l'objet d'altercations en public que les hommes. Parler de misogynie, de sexisme et d'agressions sexuelles dans le milieu politique peut sembler être une vieille rengaine connue de toutes et de tous. Paradoxalement cela reste encore très compliqué d'en faire état concrètement. Le mouvement #MeToo et les scandales sexuels de ces dernières années ont contribué à libérer la parole. Les affaires Strauss-Kahn et Baupin ont marqué un tournant historique : des femmes ont publiquement parlé des violences et des discriminations dont elles font l'objet. Il faut saluer le courage de celles qui s'expriment, car cela reste encore très risqué. Et même si les femmes sont enfin un peu écoutées, des crispations demeurent quand on aborde la question. Bien souvent, le déni s'invite à la table, exigeant qu'on lui serve son porto. Pire encore que le déni, il y a cette croyance selon laquelle ce serait de l'histoire ancienne qui ne nécessiterait pas qu'on y revienne. Non, le sexisme et les violences sexuelles en politique ne sont pas une vieille rengaine, c'est même un sujet d'une extrême gravité puisque, encore aujourd'hui en 2021, la situation demeure désespérante.

Le temple du sexisme

Toutes les femmes que j'ai interrogées, presque sans exception, m'ont confié avoir été victimes de sexisme au cours de leur carrière politique. Les témoignages sont si nombreux qu'il me serait impossible de tous les retranscrire ici.

Il y a le harcèlement subi par Édith Cresson, la fameuse robe de Cécile Duflot, « C'est qui cette nana ? » lancé en plein Sénat à Laurence Rossignol, les affiches de campagne de Marisol Touraine taguées de « 3615 Nana ». Voici le genre de petites phrases que l'on peut entendre lorsqu'on se promène dans les couloirs des instances politiques : « Quoi, le maire t'a glissé une main au cul lors d'un cocktail ? Oui, bon, ça va, tu sais comment il est, il fait ça avec tout le monde et c'est pas bien méchant » ; le célébrissime « Il n'y a pas mort d'homme » ou encore « Non, mais t'as aucun humour, ça va ! Tu vas porter plainte parce que je t'ai dit que ça me coûtait cher en chauffage pour chauffer ton petit cul ? »… Sans même mentionner le fait qu'à l'Assemblée nationale française et au Sénat, lieux où des fonctionnaires sont encore obligés de porter des queues-de-pie, des hommes adultes, dûment élus par nos soins, font des bruits de poule lorsqu'une femme prend la parole – plus consternante encore, la défense des députés ou des présidents de groupe, qui parlent alors de « chahut » et de « quolibets ». Les vidéos que l'on peut trouver sur YouTube ou le site de l'INA sont éloquentes.

Le Haut Conseil à l'égalité entre les femmes et les hommes définit le sexisme comme « une idéologie qui repose sur le postulat de l'infériorité des femmes par rapport aux hommes, d'une part, et d'autre part, un ensemble de manifestations des plus anodines en apparence (remarques) aux plus graves (viols, meurtres). Ces manifestations ont pour objet de délégitimer, de stigmatiser, d'humilier ou de violenter les femmes, et ont des effets sur elles (estime de soi, santé psychique et physique et modification des comportements)[1] ». J'espère que cette définition suffira à faire changer d'avis celles et ceux qui considèrent que le sexisme en politique est quelque chose d'anodin et d'inoffensif.

Pour mieux illustrer le propos et comprendre l'ampleur et la dangerosité du phénomène, il est nécessaire d'écouter celles qui en sont victimes au quotidien, celles à qui l'on répond souvent que ce n'est pas si grave, que ce n'est pas si surprenant, que la situation est résolue, qu'elles exagèrent. C'est ce que j'ai fait. J'ai écouté les histoires de ces femmes avec attention, avec empathie, avec effroi et parfois avec colère et indignation.

Inférioriser

L'infériorisation est intrinsèque à la politique, et l'infériorisation des femmes par les hommes est une pratique courante.

Il s'agit de déstabiliser et de dominer. Les techniques d'infériorisation prennent souvent la forme d'attaques et parfois juste d'insinuations afin d'accentuer des représentations liées au genre, à la couleur de la peau, à l'orientation sexuelle.

C'est ce sur quoi insiste **Elli Tessier**, non-binaire et coresponsable de la commission énergie d'EELV : « Mon genre n'a jamais eu d'importance pour moi et c'est parce que j'étais perçu·e comme femme que j'ai subi toutes ces violences. » À ce titre, le témoignage de Jill-Maud Royer est très éclairant. Lorsqu'elle a décidé de transitionner, elle était consciente qu'elle allait se fermer des portes. « Sans rentrer dans les détails, le genre et l'identité étaient des questions que je me posais à l'époque mais je n'avais pas du tout pris de décision, je n'avais aucune date précise sur le fait que j'allais transitionner à un moment. C'est quelque chose qui est venu plus tard et justement la question s'est posée dans le sens inverse : ça faisait déjà plusieurs années que je militais, ça se passait plutôt bien pour moi. J'étais assez rapidement arrivée à Paris pour mes études après avoir rejoint le Parti de gauche. Je faisais plein de choses intéressantes : dans la campagne présidentielle de 2012 je participais aux coordinations unitaires du 92, c'était vachement intéressant. J'avais aussi bossé au sein du réseau jeunes du Parti de gauche, dans des coordinations étudiantes. La question s'est posée quand j'ai pris la décision de transitionner : à quoi je renonce ? Par rapport à la position que j'avais, je pouvais facilement envisager, en tant que mec, de me présenter à des élections. J'étais persuadée qu'en devenant une femme, et qui plus est une femme trans, je faisais une croix définitive sur pas mal de possibilités. C'était forcément une question qui se posait parce que changer de sexe, dans le patriarcat, pour le dire dans des termes très marxistes, c'est un déclassement social très violent et c'est renoncer à beaucoup de choses.

C'est difficile de ne pas le prendre en compte et de ne pas le savoir à l'avance. Toutes les femmes trans le savent quand elles commencent une transition. Et à l'époque où moi j'ai pris la décision de transitionner, il n'y avait pas de ministre trans en Europe, ni de secrétaire d'État trans aux États-Unis, il n'y avait personne, aucun modèle auquel je pouvais m'identifier. Les personnes trans n'existaient absolument pas dans le champ de la politique, des partis, etc. Il y avait des organisations militantes trans depuis longtemps et qui justement se battaient contre l'exclusion, contre quelque chose de très violent et c'était vraiment inimaginable de me retrouver à la place que j'occupe aujourd'hui. Je n'anticipais pas quelque chose de très violent au sein de mon organisation politique. Je sais que LFI est une organisation qui défend des positions pour les droits des personnes trans et LGBT, pour les droits des femmes, depuis très longtemps. Donc je m'attendais à subir du "sexisme ordinaire", mais pas plus que ça. Je m'attendais à ne rien pouvoir faire à cause de la transphobie de la société, et finalement c'est pas si pire, de ce point de vue. Parce que j'ai justement une organisation politique qui me défend, qui n'a pas peur aussi de m'exposer avec tout ce que ça peut lui coûter, j'en ai bien conscience. »

Les attaques ont souvent pour objectif d'inférioriser ou d'infantiliser celles et ceux qui en sont victimes en mettant le doigt sur ce qui pourrait être perçu comme de potentielles faiblesses ou incapacités. Les femmes sont très fréquemment renvoyées à leur fonction maternelle. En pleine réunion de la commission des lois, le député LR Robin Reda a lancé à la présidente de la commission Yaël Braun-Pivet : « Je vous remercie de ces réflexions presque maternelles, je dis ça parce que vous pourriez être ma mère. »

L'instrumentalisation de la maternité peut aussi avoir pour but de culpabiliser les femmes. Pour reprendre les termes de Mathilde Larrère et Aude Lorriaux : « Les attaques qui tendent à culpabiliser les femmes politiques en les présentant comme de mauvaises mères sont un classique de l'antiféminisme politique[2]. » Il n'est pas rare que les femmes politiques soient culpabilisées sur leur maternité. Ce n'est pas propre au monde politique et chaque jeune mère qui travaille aura son lot d'anecdotes, mais la fonction d'élue ou de militante est extrêmement chronophage et cet aspect renforce l'idée que ce n'est pas un métier pour elles.

La manière dont les médias ont traité la grossesse d'Axelle Lemaire, alors secrétaire d'État au Numérique dans le gouvernement Valls, est un cas d'école. Les journaux qui ont relayé l'information ont tous précisé que la secrétaire d'État entendait rester en poste et que cela ne « changeait rien à son travail », comme si une femme, et une femme politique, une fois enceinte, pouvait être soupçonnée de n'être plus capable de rien. La grossesse et la maternité restent encore pour les femmes de puissants critères de discriminations[3].

Quand ce n'est pas la maternité, c'est l'âge. « Au début de mon mandat, raconte Mathilde Panot, quand j'allais à la buvette des parlementaires avec Jean-Luc Mélenchon, on lui disait : "Mais, monsieur Mélenchon, on vous a dit vingt fois que vous n'aviez pas le droit de venir avec votre collaboratrice parlementaire !" et moi j'étais là : "Non, mais je suis députée…" » Là encore, les injonctions sont contradictoires, si vous êtes trop jeune, on ne vous accorde aucun crédit, mais c'est quand même mieux d'être jeune.

Les femmes politiques sont aussi constamment ramenées à leur physique, selon des critères tout aussi illisibles. Soit elles sont trop jolies, soit elles sont trop austères. Les exemples sont nombreux. Dans un article de *Libération* datant de 2010 sur les vœux de Martine Aubry et de Cécile Duflot, Martine Aubry est décrite comme « pimpante et rose aux joues ». Beaucoup plus que les hommes, le physique des femmes, leurs vêtements, leur allure sont commentés. Les médias jouent un rôle considérable dans ce que l'on ne pourrait décrire que comme une forme d'objectivisation des femmes. La plupart des femmes politiques se fondent dans la masse en optant pour un style vestimentaire qui ne laisse aucune prise : les pantalons pour ne pas être embêtées avec des remarques sur leurs jambes, l'absence de couleur pour ne pas être moquées. Roselyne Bachelot fait figure d'exception, elle est célèbre pour ses vestes colorées, ses bijoux et son maquillage. C'est une volonté assumée de sa part, un refus d'adopter les codes masculins. Ségolène Royal a marqué une rupture lors des élections présidentielles de 2012 en portant des tenues colorées et en mettant en avant sa féminité. Marisol Touraine a aussi conservé son style vestimentaire. « Je l'ai assumé, je l'ai maintenu, et j'ai eu droit à des remarques là-dessus. On me disait : "T'as une drôle de manière de t'habiller, quand même !", "C'est étonnant cette façon de s'habiller !", "Mais où est-ce que tu trouves ça ?", "Tu dois y passer beaucoup de temps !"... Puisque je n'avais pas joué le jeu d'être comme un homme, on me le faisait payer. Un homme pouvait être tire-bouchonné, pas de problème. Mais si je voulais justement ne pas être tire-bouchonnée et être toujours bien habillée, parce que je trouve que c'est une question de respect vis-à-vis des électeurs, de ses interlocuteurs, quand on est dans une situation publique, alors il fallait que j'en paie le prix. »

Ramener les femmes à leur âge, à leur maternité, à leur physique, c'est une manière de perpétuer des représentations d'un autre temps et de rappeler, si besoin en était encore, que les femmes ne sont jamais totalement aptes à gouverner et à prendre plus de responsabilités.

Les remarques ne sont pas toujours insidieuses, elles peuvent être frontales. Les moqueries et les insultes sont en effet monnaie courante. Les femmes politiques sont par exemple régulièrement comparées à des animaux, traitées de folles, d'hystériques.

Édith Cresson a dû affronter un impressionnant déchaînement d'insultes, chaque fois qu'elle prenait la parole à l'Assemblée nationale. C'était souvent pire après l'heure du déjeuner, m'a-t-elle confié, quand les députés avaient un petit coup dans le nez. Elle se souvient aussi des « cot, cot, cot » qu'ils criaient en chœur lorsqu'elle poussait les portes de l'hémicycle.

Ce n'était guère mieux quand elle n'était encore que ministre de l'Agriculture. « On voit le mépris dans lequel le président de la République tient l'agriculture puisqu'il a nommé une femme à ce poste. » Telle a été la réaction de François Guillaume, le président de la FNSEA, quand il a appris sa nomination. Lors de sa première réunion à la FNSEA, elle est accueillie par une grande banderole : « Édith, on t'espère meilleure au lit qu'au ministère. » Et lorsqu'elle leur répond : « Ça tombe bien que je sois ministre de l'Agriculture parce que comme j'ai affaire à des porcs, je vais devoir m'occuper d'eux », c'est encore elle qui est attaquée et mise en cause, qualifiée d'agressive. Qu'aurait-il fallu qu'elle fasse ? Qu'elle réponde : « Merci beaucoup » ? C'est aussi elle qui, le soir, pouvait voir sa marionnette du « Bébête Show » surnommée « Amabotte », à qui la marionnette « Kermitterrand » disait : « Toi, tu vas reboucher ton trou, et fous-nous la paix. » Sans aucun soutien de la part des membres de son parti, qui voyaient en elle une menace et une intruse, son passage à Matignon a été un véritable enfer. Faut-il s'étonner qu'aucune femme depuis n'ait occupé cette fonction ?

On pourrait se dire que depuis 1992 les choses ont changé. On aimerait penser que c'était un autre temps, que tous ces hommes avaient été élevés à une époque beaucoup plus machiste, et que les jeunes générations sont bien différentes. Eh bien, non ! Le 2 février 2021, le député LREM de Vendée Pierre Henriet a traité la députée Mathilde Panot de « poissonnière » en pleine Assemblée nationale. Pierre Henriet est né en 1991 et a été élu en 2017, et il incarne le « renouveau politique » à l'Assemblée nationale... Mathilde Panot m'a raconté que l'historienne Mathilde Larrère lui avait fait remarquer que « poissonnière » était déjà une insulte utilisée au temps de la Révolution française contre les femmes qui défendaient le peuple. Cela lui a plu, parce que cela montre une certaine continuité avec les femmes qui se battent et qui s'engagent. Cet épisode a beaucoup marqué les députées : elles l'ont cité à de nombreuses reprises lors des entretiens, et ce, quel que soit le bord politique.

Pierre Henriet a été sanctionné pour cette « sortie de route ». Une part de son indemnité parlementaire a été retenue à titre de sanction. Il s'agit de la troisième sanction prononcée à l'égard d'un député pour injures sexistes. La troisième sanction depuis le début de la nouvelle législature en 2017 ? Non, depuis 1958. Pourtant les injures sexistes ne sont pas anecdotiques à l'Assemblée nationale. Aucune sanction en août 2017 lorsque la prise de parole de la députée LREM Alice Thourot a été accueillie par des bêlements. Aucune sanction non plus lorsque les députées Clémentine Autain et Elsa Faucillon ont été traitées de « petites connes » par le député UDI Meyer Habib en février 2020.

Lorsqu'elle était ministre de la Santé, Marisol Touraine (initiales MT) s'est vu attribuer par un député le surnom de « MST », mauvais jeu de mots sur son nom et l'acronyme utilisé pour désigner les maladies sexuellement transmissibles. Le député lui a fait des excuses en privé, mais la ministre a quand même décidé de rendre l'affaire publique et elle reste persuadée qu'elle n'aurait pas été attaquée de la sorte si elle avait été un homme. Un jour, en plein examen d'un texte, Émilie Cariou entend le rapporteur lui dire : « Madame Cariou, arrêtez de ramener votre science. » La députée raconte aussi les commentaires incessants, les petites remarques à l'intention des femmes : « T'es trop grande, t'es trop petite, t'es trop maquillée, t'es pas assez maquillée, t'es trop blonde… J'ai des réflexions quand je mets une robe colorée. »

Dans ce flot d'hostilité, les femmes sont coincées. Qu'elles se défendent, et on les traite d'hystériques. Si elles décident de se protéger en contrôlant tout, on les juge froides et distantes. Si elles choisissent d'adopter elles aussi le style potache, on leur reproche leur gouaille et leur franc-parler. Valérie Petit a écopé de tous les stéréotypes. Après avoir été la « blonde idiote », elle est devenue la « femme hystérique incontrôlable qui ne sait pas gérer ses émotions ». Malgré le renouvellement de l'Assemblée nationale et sa forte féminisation en 2017, la députée Jennifer De Temmerman affirme que « finalement, ça ne change pas. Dès qu'une femme prend la parole un peu fort, on est des hystériques[4] ! ».

Les femmes politiques sont, en tant que personnes publiques, aussi soumises à des violences qui dépassent le simple cercle politique. Ces violences extérieures ou exogènes se manifestent de différentes manières. Elles peuvent avoir lieu dans les médias, comme ce qu'a connu Danièle Obono lorsqu'elle a été représentée en esclave dans le journal *Valeurs actuelles*. La campagne de Sandrine Rousseau aux primaires écologistes de septembre 2021 a aussi été un cas d'école. Le point culminant a été atteint avec un chroniqueur de CNews qui a parlé d'elle en la qualifiant de « Greta Thunberg ménopausée ».

Les attaques ont souvent lieu sur les réseaux sociaux, où les trolls opèrent en bandes organisées afin de mener des campagnes de cyberharcèlement. La plupart des femmes qui occupent l'espace public, journalistes, blogueuses, actrices, activistes, et les femmes politiques bien sûr, se sont retrouvées la cible de ces harceleurs anonymes. Le documentaire de Myriam Leroy et Florence Hainaut, *#SalePute*, montre très bien le mécanisme à l'œuvre, la violence des attaques, les effets sur la vie personnelle, sur la santé, et l'impuissance parfois à se soustraire à ces agressions. Ce qu'elles montrent aussi avec beaucoup de clarté, c'est que tout cela n'est pas anecdotique, ce ne sont pas des « chahuts » ou les dérapages de quelques brebis galeuses, mais bien un système qui ne repose pas sur les pathologies mentales de quelques-uns mais sur l'impunité de tous.

Certaines attaques vont même jusqu'à la violence physique. La députée LREM Laurianne Rossi a été giflée par un homme pendant qu'elle distribuait des tracts sur un marché à Bagneux en juin 2017. Lorsqu'elle siégeait à l'Assemblée nationale, la permanence de **Delphine O** a été vandalisée à deux reprises.

Promotion canapé

Lorsqu'une femme est jeune et qu'elle collabore avec un homme politique, il pèse sur elle une présomption selon laquelle elle a obtenu le poste en échange d'une relation sexuelle. « Même des membres de ma famille m'ont demandé si j'étais passée sous le bureau », m'a confié l'une de mes interlocutrices. Quand Édith Cresson a été nommée à Matignon, François d'Aubert s'est empressé de dire : « Voilà la Pompadour », en référence à la marquise de Pompadour, maîtresse, amie et conseillère de Louis XV.

Marisol Touraine a aussi été la cible de ce type d'insinuations désagréables lorsqu'elle a été élue députée. Nombreuses ont été les fois où on lui a dit : « On sait que vous êtes très proche du Premier ministre », « C'est parce que vous avez été la maîtresse d'Untel que vous avez été élue », etc. Jusqu'au jour où un député s'est même permis de lui dire, devant d'autres élus : « Ah, Marisol, si tu voulais, toutes les portes s'ouvriraient pour toi »... Ce type d'insinuations sont parfois le fait des médias. Lorsqu'elle a commencé à donner des interviews, la députée Valérie Petit devait, avant toute autre question, répondre à celle de savoir si elle avait « couché avec le ministre ».

Violences sexuelles

> **“Il faut impérativement casser l'image de l'homme politique séducteur.”**
>
> **Nelly Garnier**

Malgré le retentissement médiatique des affaires de Denis Baupin et de Dominique Strauss-Kahn, les violences sexuelles restent très fréquentes dans les lieux de pouvoir. J'aimerais pouvoir vous décrire des cas extrêmement isolés, des malentendus, des exceptions, mais c'est avec colère et lassitude que j'ai écouté les innombrables histoires des jeunes assistantes parlementaires qui se font draguer sur Instagram par des élus qui pourraient être leur père. C'est avec colère et lassitude que j'entends, depuis des années, des jeunes femmes me dire qu'elles ne veulent plus prendre l'ascenseur à l'Assemblée nationale, qu'elles se mettent en garde entre elles sur les députés « problématiques » et à éviter. Le cas des assistantes parlementaires et des collaboratrices est particulièrement frappant puisque à leur genre s'ajoutent souvent leur jeunesse et la précarité de leur position professionnelle. J'ai aussi dû entendre ces phrases : « Mais je ne pouvais rien faire, je ne voulais pas perdre mon poste », « Si je dis quoi que ce soit, plus personne ne voudra m'embaucher après », « C'est quelqu'un de très important et j'avais peur de refuser ses avances », « Certains élus parlent de droit de cuissage à l'égard de leurs collaboratrices ».

Les femmes que j'ai rencontrées dans le cadre de ce livre – mais pas seulement elles, aussi celles que j'ai croisées quand je travaillais en cabinet de conseil ou au gré de mes interventions et de mes podcasts – ne veulent pas parler publiquement. Elles ne veulent pas être citées ni que l'on cite les auteurs des agressions car elles ont peur. Peur « de tout perdre », peur « d'être virée », peur « d'être grillée à vie », peur « des représailles », etc.

L'omerta est la règle, la dénonciation l'exception. Le milieu politique semble encore, et malgré les actions menées par le collectif #MeTooPolitique, passer à côté de l'effet #MeToo. Lorsque la déontologue de l'Assemblée nationale, Agnès Roblot-Troizier, a présenté son bilan pour l'année 2020 en soulignant qu'il n'y avait eu aucun signalement pour harcèlement sexuel, des députées et députés de la majorité, dont une femme, se sont félicité·e·s de ce bilan. Or, comme le souligne à très juste titre la députée Libertés & Territoires des Hauts-de-Seine **Frédérique Dumas**, il faudrait plutôt s'en alarmer : cela en dit long sur la loi du silence qui règne à l'Assemblée nationale. Pour elle, dans ce contexte, la cellule antiharcèlement de l'Assemblée nationale ne fonctionne pas, et cela prouve que rien n'a vraiment changé. Le rapport d'Agnès Roblot-Troizier est consultable sur le site de l'Assemblée nationale et on peut y lire, au sujet du bilan intermédiaire de la cellule antiharcèlement mise en place en janvier 2020, la phrase suivante : « Ce même bilan mentionne une "absence totale des violences sexistes et sexuelles qui questionne", car ce type de situations est d'ordinaire "toujours présent dans des dispositifs harcèlements et violences"[5]. »

On peut effectivement s'étonner de cette « absence totale » car, selon un sondage réalisé en 2019 par le collectif Chair collaboratrice, 1 collaboratrice sur 2 rapporte avoir été victime de blagues sexistes ou sexuelles ou de propos déplacés sur son apparence ou sa vie personnelle, 1 collaboratrice sur 3 d'injures sexistes ou d'attitudes insistantes ou gênantes, et 1 collaboratrice sur 5 d'une agression sexuelle[6]. Pourtant, au moment du lancement du mouvement #MeToo, une certaine prise de conscience a émergé. Fin 2017, la Fondation Jean-Jaurès avait d'ailleurs profité de ce mouvement pour alerter sur l'ampleur du phénomène de harcèlement sexuel dans les assemblées – Assemblée nationale, Sénat, Parlement européen. En analysant les dispositifs existant alors dans ces trois institutions politiques, la Fondation avait émis sept propositions pour prévenir le harcèlement sexuel et lutter contre ce fléau, en se concentrant principalement sur les relations entre les parlementaires et leurs collaboratrices et collaborateurs[7].

Deux ans plus tard, Juliette Clavière, alors directrice de l'Observatoire « Égalité femmes-hommes » de la Fondation Jean-Jaurès, et Emmanuelle Le Texier, cheffe du personnel au sein du groupe Socialists & Democrats au Parlement européen, ont analysé les mesures entreprises au sein des assemblées pour lutter contre les violences sexistes et sexuelles[8]. Dans ce rapport, les autrices insistent sur le fait que, dans ce domaine, l'exemplarité de ceux qui font la loi doit être totale. Les principales conclusions du rapport sont les suivantes : « Les trois institutions ont eu une prise de conscience et ont mis en place ou fait évoluer chacune leur dispositif. » Mais l'étude souligne « deux limites communes :

— la sensibilisation et la formation, en particulier des parlementaires, restent extrêmement faibles, alors même que la méconnaissance des définitions juridiques et l'incompréhension du fait que le harcèlement ne dépend pas nécessairement d'une intentionnalité de l'auteur sont patentes, même deux ans après #MeToo ;
— la mise à disposition de personnels professionnalisés (médecins et juristes notamment) comme la mobilisation de représentants des différents personnels se font au compte-gouttes alors que ces dispositifs concernent des populations très nombreuses, au risque que la mise en œuvre compromette la volonté affichée ».

L'étude relève aussi que « l'Assemblée nationale se distingue par la lenteur de la mise en place d'un dispositif complet et, à rebours des autres institutions, par le refus de vouloir assumer une responsabilité propre en matière de sanctions des élus mis en cause ».

Rappelons ici que le Parlement européen a été précurseur en la matière en instituant un comité consultatif contre le harcèlement en 2014. Ce comité a pour mission de recueillir la parole des victimes et dispose d'un authentique pouvoir d'enquête. Une fois l'enquête réalisée, le comité transmet ses conclusions au président du Parlement européen, assorties le cas échéant de propositions de sanctions disciplinaires. Cette instance n'est toutefois pas indépendante puisqu'elle comprend en son sein (et en majorité) des parlementaires qui assurent en particulier la présidence… Cette composition a été vivement critiquée à l'occasion du lancement du mouvement #MeTooEP[9], en mars 2018, et il a été recommandé de changer la composition du comité.

Au Sénat, une cellule d'accueil et d'écoute a été mise en place en 2018. Elle est composée d'un pôle administratif (une administratrice ou un administrateur du Sénat et une représentante ou un représentant des collaboratrices et des collaborateurs) et d'un pôle (la ou le médecin du travail et la ou le psychologue des collaboratrices et des collaborateurs). Cette structure n'a pas de pouvoir d'enquête mais elle a la capacité de faire remonter certains faits au président du Sénat, qui peut convoquer la sénatrice ou le sénateur concerné·e pour faire cesser la situation de harcèlement. Le président du Sénat peut aussi, en fonction de la gravité des faits, demander au bureau du Sénat de prononcer des sanctions (censure avec exclusion, par exemple) ou faire un signalement au procureur de la République. La phase d'instruction revient donc au président du Sénat, et cela est critiquable à plusieurs égards. D'une part, le président du Sénat n'a pas le temps de mener des instructions poussées. D'autre part, la nature des faits reprochés mériterait que leur instruction soit confiée à une instance collégiale, voire à une instance collégiale indépendante de la présidence du Sénat.

Ce défaut d'indépendance rend la procédure peu objective et opaque, comme le relève Florence Faye, représentante de l'Unsa (Union nationale des syndicats autonomes), dans un article publié par *Libération* le 30 août 2021 : « Malgré la bonne volonté de ceux qui la composent, cette cellule s'est vite avérée inopérante. Le président du Sénat est censé être le grand arbitre en cas de harcèlement, mais c'est aberrant de le mettre dans cette position. On nous dit qu'il est le seul à pouvoir transmettre les dossiers au procureur de la République. Pourquoi ne l'a-t-il jamais fait[10] ? » Il est précisé dans l'article que « plusieurs plaintes contre X ont été déposées. Elles visent notamment Larcher ». Pourtant, en vertu de l'article 40 du Code de procédure pénale, « toute autorité constituée, tout officier public ou fonctionnaire qui, dans l'exercice de ses fonctions, acquiert la connaissance d'un crime ou d'un délit est tenu d'en donner avis sans délai au procureur de la République [...] » – ce que n'a pas fait Gérard Larcher, l'actuel président du Sénat. De fait, beaucoup d'assistantes et d'assistants parlementaires refusent de se confier à cette cellule par peur des représailles et des conséquences possibles pour leur carrière.

Pour revenir à la cellule antiharcèlement de l'Assemblée nationale, elle a été mise en place en février 2020 à la suite d'une campagne menée en septembre 2019 par le collectif Chair collaboratrice. Cette cellule est composée d'une ou d'un psychologue, d'une ou d'un médecin et d'une ou d'un juriste. Après un premier échange avec la ou le psychologue, trois formes d'accompagnement sont possibles : une orientation vers une ou un psychologue agréé·e avec cinq séances gratuites, la transmission de l'analyse au déontologue, et l'orientation vers une ou un médecin, une organisation syndicale ou une avocate ou un avocat. Enfin, c'est un prestataire extérieur qui décide de transmettre, ou non, les dossiers à la justice. De nombreuses critiques ont été émises concernant cette structure : manque de moyens (humains et financiers), absence de procédure d'instruction claire, absence de pouvoir de sanction, etc.

Au sein des partis politiques, les mêmes risques existent. D'après une jeune militante LR, lors des campus des Jeunes Les Républicains, le but en fin de journée, « c'est de faire boire les filles pour les ramener à l'hôtel ». Le parti EELV a été particulièrement secoué par l'affaire Baupin. Cet ancien cadre du parti, devenu vice-président de l'Assemblée nationale sous François Hollande, a été accusé par 14 femmes de faits de harcèlement sexuel et de violences sexuelles. L'affaire a été classée sans suite en mars 2017 par le parquet de Paris, au motif que les faits étaient prescrits. C'est la participation de Denis Baupin à une campagne de publicité contre les violences faites aux femmes qui a poussé ces femmes à témoigner enfin.

Florie Marie se souvient du climat qui régnait au sein du parti. Salariée d'EELV à partir de 2010, elle est peu à peu entrée en politique. « À l'époque, #MeToo et #BalanceTonPorc, c'était un doux rêve et une belle utopie. Ce n'était pas du tout quelque chose de réel. C'était normal d'être harcelée sexuellement, menacée sexuellement ou d'être considérée comme un morceau de graisse, un morceau de viande ou un pot de fleurs. On m'a dit quelquefois que j'étais un joli pot de fleurs. Moi, le nombre de fois où ça m'est arrivé, je n'ai jamais rien dit. Je n'avais pas envie de passer pour une victime et j'ai vu d'autres personnes se plaindre, déposer plainte, parler de harcèlement sexuel, d'agressions sexuelles, sexistes… et tout perdre derrière. Je n'avais pas envie de ça. Je n'avais pas envie de perdre mon boulot, c'était un job particulier, une relation particulière avec des personnalités politiques de premier plan et d'une grande importance : on parle de députés, de sénateurs. » Concomitamment à l'affaire Baupin, en 2016, le parti a décidé de créer une cellule d'accompagnement et d'écoute des victimes de violences sexuelles. Ce type de cellule existe aussi au sein de LFI, du PCF, du PS et de LREM, etc. Comme le relèvent les journalistes Laetitia Cherel et Léa Guedj de la cellule investigation de Radio France, il a fallu qu'un scandale éclate et soit relayé par la presse pour que ces cellules soient mises en place[11].

Malheureusement, l'efficacité des procédures internes aux partis est souvent confrontée à la réalité du monde politique et des partis. Selon Vanessa Jérome, politiste, il faut considérer les partis politiques avant tout comme des opérateurs de carrière, de professionnalisation politique[12]. De ce point de vue, un parti est un ensemble de relations, d'interactions, de solidarités, de loyautés passées, anciennes, présentes, futures, etc. qui permettent les investitures, les élections, les financements… Si l'on entend souvent ces « On n'insulte pas l'avenir », « Il faut sortir par le haut », qui sont autant de modes de résolution de conflit que de manières de protéger, c'est bien qu'au-delà des carrières individuelles, il y a autre chose à sauver : une entreprise partisane, une façade institutionnelle, des intérêts nombreux et variés. Et tout cela passe avant les « cas », comme on dit, de quelques femmes. Il s'agit de ne jamais montrer et assumer que ce dont elles ont à souffrir « fait système ».

Vanessa Jérome invite à se demander ce que cela coûte politiquement, d'oser parler : un poste, un mandat, une réputation, un ensemble de relations qui ne perdurent justement que parce que l'on « se tient ». Elle relève aussi que dans un parti, il arrive que l'on évince quelqu'un d'une motion de congrès, d'une liste : c'est ce que l'on appelle la « tambouille politique ». Mais on ne sait pas encore écarter un collègue violent, ni même lui refuser son soutien. Pourquoi n'y a-t-il personne – et ne parlons pas des femmes, sur qui il faut arrêter de faire peser, en plus de la charge du témoignage, celle de la responsabilité – pour s'opposer aux violents et à leurs complices ? Rappelons au passage que les élues et les élus, d'après l'article 40 du Code de procédure pénale, ont un devoir de dénonciation encore plus important que les citoyennes et les citoyens. Combien de cas faudra-t-il recenser avant que les partis politiques s'envisagent comme force d'interposition – y compris juridique – entre les femmes qui hésitent ou ne peuvent pas parler et leurs agresseurs ? Peut-être faut-il enfin poser cette dernière question : à partir de quand une affaire qui concerne un « politique » peut-elle sortir ? Quand il y a dépôt de plainte(s) ? Et combien en faut-il si une ne suffit pas ? Quand le microcosme des professionnels de la politique la connaît ? Quand les journalistes osent la publier ? Et avec combien de témoignages ? À visages découverts ou masqués ? Bref, combien de temps faudra-t-il encore choisir entre non-assistance à femme(s) en danger et sauvegarde des « boutiques » politiques ?

Les éléments mis en avant par Vanessa Jérome expliquent en partie pourquoi le monde politique bénéficie encore d'une quasi totale impunité. Je me souviens aussi de cette conversation que j'ai eue avec Alice Gayraud lorsqu'elle travaillait auprès de la députée Albane Gaillot et qu'elle était membre du collectif Chair collaboratrice. Elle m'a expliqué qu'il était assez difficile de faire entendre aux journalistes qui veulent impérativement des « noms » à quel point les conséquences peuvent être graves pour les femmes. Ce collectif a d'ailleurs été dissous le 22 novembre 2021, en plein #MeTooPolitique. Dans leur communiqué de presse annonçant la dissolution, les membres de l'association insistent sur l'« omerta » qui « reste extrêmement bien organisée » et sur le fait qu'une « pression importante pèse sur la parole des femmes, qui risquent gros à parler[13] ».

C'est peut-être à cause de cette « omerta extrêmement bien organisée » que le site internet #MeTooPolitique a été hacké quelques heures après sa mise en ligne. C'est peut-être aussi à cause de cette « omerta extrêmement bien organisée » que Nicolas Hulot a pu être ministre et que Gérald Darmanin l'est encore…

Invisibilisation, infantilisation, insultes, violence : le prix à payer pour les femmes qui sortent de la sphère privée pour occuper une place dans l'espace public est bien lourd, et les stratégies visant à limiter leur présence et leurs responsabilités nombreuses. À cet égard, une chose m'a marquée dans les entretiens que j'ai menés. Certaines des femmes ont insisté sur un point en particulier : le sentiment d'exclusion et de solitude qu'elles ressentent dans les organisations politiques. Un sentiment rendu encore plus fort par la difficulté qu'il y a parfois à le qualifier et à l'exprimer. Le témoignage de Diana Filippova m'a particulièrement frappée.

« C'est plus après que tu te rends compte, m'a-t-elle dit. Qui prend la parole ? Quelles sont les positions qui gagnent ? L'affirmation des uns et des autres, leur place, l'influence. Il y a un rapport de force qui se situe à un niveau beaucoup plus informel. C'est ça, surtout, qui est assez pervers. Tu peux mettre en place des structures d'une parfaite égalité, et tout de même, en fin de compte, il y a un truc qui cloche. Donc tu te demandes : où est-ce que ça cloche ? Pour tout te dire, j'avais de ce "truc" une perception diffuse, sur laquelle il est difficile de mettre le doigt et qu'il est encore plus difficile de nommer, c'est-à-dire d'élever au registre de preuve objective. Et ça, ce bastion-là, je pense que c'est la dernière bataille qu'il nous sera extrêmement difficile de gagner, car la victoire implique que la société dans laquelle grandit le groupe qui prétend à l'égalité soit égalitaire aussi. Ce n'est pas le cas de la société française aujourd'hui. C'est même presque pire dans les milieux qui clament haut et fort leur attachement à l'égalité, comme le milieu intellectuel parisien. Dans les faits, il est plutôt conservateur. Dans la nomenklatura, ces us et coutumes informels, innommés, innommables, s'héritent de génération en génération, d'école en école, de corps en corps. Une des raisons pour lesquelles beaucoup de femmes de ma génération et même celles d'avant, Anne Hidalgo, Cécile Duflot, et même Alexandria Ocasio-Cortez si tu prends un autre exemple des États-Unis, sont hostiles à l'establishment, c'est parce qu'elles sont doublement, voire triplement écartées par le système. Par leur genre, par leur milieu social, par leurs origines. Et par leur caractère, fort, combatif. Elles n'appartiennent pas à ces codes, à ces corps, à ce milieu. Donc, on les qualifie d'irrationnelles et hystériques. Il faut être dupe pour ne pas voir que c'est à un autre niveau que cela se joue. »

Ce sentiment d'isolement et de pesanteur, exprimé par une jeune femme qui entre en politique alors même que le monde change, qui arrive après Édith Cresson, Simone Veil, Ségolène Royal, m'a émue. Ces vingt dernières années, les femmes ont réussi à se faire une place en politique. Grâce à la parité, elles sont plus nombreuses dans les assemblées. Certaines font de belles carrières et donnent l'impression qu'il n'y a pas de problème. Et pourtant « quelque chose cloche encore ». Ce constat est à la fois déprimant et bouleversant, parce que les faits que nous venons de relater ne sont pas des exceptions, de dramatiques anomalies, des malentendus, des ajustements. Ce que nous devons affronter, les femmes mais aussi les hommes, c'est un système, un conditionnement dont il est difficile de se défaire et dont le coût pour la société m'apparaît colossal. Alors certes, rien ne garantit que les femmes fassent de la politique différemment, qu'elles soient plus compétentes que les hommes, mais une chose est sûre : elles font preuve d'un immense courage et elles portent en elles la nécessité d'une société plus juste et plus égalitaire.

TROISIÈME PARTIE

Plus de femmes en politique : une nécessité démocratique !

“Quand la politique est aux mains des hommes, peut-on réellement faire une politique d’égalité ?”

Céline Calvez

À la présidentielle de 2017, l’abstention au second tour s’est élevée à 25,44 %. Aux élections législatives de 2017, elle était de 57,36 %, et aux municipales de 2020, de 58,6 %. À moins d’un an de la présidentielle, le taux d’abstention au second tour des régionales de juin 2021 a atteint les 65,7 %. Plus de la moitié de la population en âge de voter s’abstient. La crise de la représentation politique que traverse la France n’est donc pas un scoop : le fossé qui sépare les Françaises et les Français de leurs représentantes et représentants ne cesse de se creuser. Baisse du pouvoir d’achat, effondrement de la classe moyenne, terrorisme, violences policières, dérèglement climatique, taux de chômage, crise sanitaire : ces dernières années n’ont pas été d’heureuses années. Face à ces difficultés, les responsables politiques apparaissent totalement déconnecté·e·s. Le reproche n’est pas nouveau, et la frontière entre la critique des élites et le populisme n’est jamais bien épaisse. Nul besoin pourtant d'égrener les conflits d'intérêts, les cumuls des mandats, la langue de bois, la déconnexion de la réalité, les scandales financiers et sexuels, les « phobies administratives » des uns, les sextapes des autres, pour comprendre qu'il y a un problème dans la manière dont, en France, le pouvoir s'incarne et s'exerce. Il suffit de sortir dans la rue, de faire un tour sur les réseaux sociaux, de descendre dans le métro pour se rendre compte que les assemblées politiques ne nous représentent pas, au sens littéral du terme. Comment prétendre à une société plus juste et plus égalitaire quand une partie de cette même société est invisible ?

Ne reste plus alors qu'un pouvoir vertical, sexiste, excluant et parfois même violent. Gagner, l'emporter sur l'adversaire, conserver ses privilèges et maintenir coûte que coûte un ordre établi prime trop souvent sur la pensée du bien commun et la nécessité de s'adapter ensemble à un monde qui change.

On parle beaucoup de démocratie participative, d'horizontalité. Ce sont des notions dont le but est d'impliquer les citoyennes et les citoyens concrètement et pas seulement les jours de scrutin, de revenir à une forme d'efficacité politique qui puisse faire le lien entre l'aventure collective de la citoyenneté et les particularités de nos existences individuelles. Mon but n'est pas de dénoncer la nullité de nos responsables politiques ni de proposer des solutions pour améliorer notre démocratie ou réconcilier les Françaises et les Français avec la politique. En m'interrogeant sur les difficultés que rencontrent les femmes politiques, en me penchant sur leurs parcours, j'ai trouvé des pistes de réflexion passionnantes. Les femmes ne constituent certainement pas une solution miracle, pourtant les stratégies qu'elles sont contraintes de déployer pour exister malgré les difficultés auxquelles elles sont confrontées, tout comme les combats qu'elles incarnent et qu'elles portent, sont d'une grande puissance démocratique.

L'amélioration de la condition féminine est-elle subordonnée à une place accrue des femmes en politique ?

> **"La révolution n'est pas féministe si on ne veut pas qu'elle le soit."**
>
> **Diana Filippova**

Le 29 novembre 1974, à 3 h 40 du matin, après vingt-cinq heures de débat, la loi sur la légalisation de l'avortement portée par la ministre de la Santé Simone Veil est enfin votée par 284 voix contre 189. L'image de la ministre assise sur son banc, tailleur rouge, chignon bas, après une nuit d'insultes et d'agressivité de la part des opposants à la loi, est restée dans les mémoires. Simone Veil est devenue une icône de la lutte féministe, l'illustration du courage qu'il faut déployer pour donner aux revendications des femmes, mais surtout à leur vie et à leur expérience quotidienne, une existence sociale, une traduction politique et légale.

Dans la vie politique, la place des femmes est la même que dans le reste de la société : une assignation dont il est encore difficile de sortir. Et le parcours des femmes politiques depuis la Révolution française est intrinsèquement lié à la lutte pour les droits des femmes : l'un dépendant de l'autre et inversement. Obtenir le droit de vote et s'engager en politique relevait d'une obligation démocratique mais c'était aussi pour elles le seul moyen de mener et de soutenir des politiques qui leur soient favorables et qui leur permettent d'atteindre une certaine forme d'égalité culturelle, économique et sociale. Sans les femmes politiques et sans les femmes politiques féministes, nous n'en serions pas là où nous en sommes.

Pendant longtemps les questions féministes – l'égalité salariale, la possibilité de jouir de son corps librement, la charge sexuelle, la charge mentale – étaient considérées au pire comme anecdotiques, au mieux comme ne concernant que les femmes et relevant surtout de la sphère de l'intime. Encore maintenant, le combat féministe est souvent compris comme une sédition genrée, une lutte sectaire, alors que c'est précisément l'inverse : une lutte pour l'égalité. Dans la sphère politique, cette vision réductrice des enjeux féministes a aussi été paradoxalement une manière de « cornériser » les femmes, c'est-à-dire de les coincer dans le rôle de spécialistes de leur propre existence. Occupées à floquer des timbres à l'effigie de Louise Michel tout en parlant menstruations, elles n'empiètent pas sur l'espace des hommes. Certaines femmes politiques que j'ai rencontrées m'ont dit leurs réticences et leurs craintes à l'idée de se retrouver cantonnées aux seules questions féministes. Certaines simplement parce que leurs compétences les poussent vers des questions de finances publiques ou d'aménagement du territoire, d'autres parce qu'elles ont peur que ce soit un moyen de leur barrer l'accès à d'autres domaines et à plus de responsabilités.

Pour l'instant, tout se passe comme si le soin des autres, la santé, l'éducation des enfants et de la famille, le rapport au corps et à la souffrance étaient des sujets féminins et tout à fait mineurs. Même si toutes les revendications exprimées par les femmes sont de plus en plus audibles, de mieux en mieux accueillies et parfois adoptées par l'opinion publique, les partis rechignent encore à porter ces idées-là comme une révolution politique majeure nécessaire et utile à toutes et à tous. Dès que ces idées quittent la sphère de l'intime et des simples débats médiatiques pour s'inviter dans l'agenda politique, elles sont systématiquement disqualifiées : on dit que ces questions sont violentes, sectaires, ou au contraire qu'elles sont l'expression d'une sensiblerie totalement irréaliste.

Il reste encore beaucoup de chemin à parcourir si l'on veut voir advenir une société plus juste. Écarts salariaux, répartition des tâches domestiques, culture du viol, rapport au corps : les chantiers sont importants et pourtant sans représentations politiques.

Le féminisme au pouvoir !

> **“Et mine de rien, le fait est que ce sont encore essentiellement des femmes qui portent des combats féministes en politique, même si je pense que ce n'est pas notre seul rôle.”**
>
> **Manon Aubry**

En 1974, Arlette Laguiller est la première femme à se présenter à l'élection présidentielle, dans cette « République d'hommes », comme elle l'avait alors qualifiée. « J'ai contribué à amener le thème des femmes dans la campagne présidentielle quand personne n'en parlait, a-t-elle confié à Léa Salamé en juillet 2020. À l'époque, je parlais de la “double journée des femmes” [l'équivalent de la charge mentale actuelle]. J'ai été heureuse d'avoir été choisie par mon parti, même si c'était une épreuve que de me confronter aux médias[1]. » Voici ce qu'on pouvait lire sur son programme distribué à l'époque dans les boîtes aux lettres : « Il faut voter pour une femme pour dénoncer le fait que ces messieurs les hommes politiques parlent de l'égalité des femmes et des hommes pendant que les femmes qui travaillent sont les plus mal payées, qu'elles n'accèdent que rarement à des postes responsables, qu'à l'Assemblée, il n'y a que 8 femmes sur 400 députés, qu'aucun grand parti politique n'a jugé une femme digne de le représenter et que ce sont ces hommes-là qui prétendent décider, entre autres, si les femmes ont le droit, ou pas, d'interrompre une grossesse non souhaitée. » La résonance de ces mots en 2021, alors que j'écris ces lignes, me fait me dire que les choses sont encore loin d'être réglées.

Avant elle, aucune femme ne s'était présentée à l'élection suprême et la question des droits des femmes était presque absente des programmes des candidats. Seul François Mitterrand avait, en 1965, proposé de permettre « la régulation des naissances » et d'« abroger la loi de 1920 qui criminalise l'avortement ». La loi Neuwirth qui légalise la pilule est adoptée en 1967 par un gouvernement de droite. En 1974, seuls Alain Krivine, du Front communiste révolutionnaire, et René Dumont, candidat écologiste, parlent du droit à l'avortement dans leur programme.

Malgré la marginalisation des femmes politiques, les exemples d'élues, de ministres et de militantes qui ont défendu des réformes fondamentales pour les droits des femmes ne manquent pas. On pense à Gisèle Halimi, à Françoise Gaspard, à Michèle André, à Monique Pelletier ou encore à Barbara Romagnan qui se sont beaucoup battues pour la parité en politique. Il y a eu le combat de Simone Veil, bien sûr, pour le droit à l'avortement, celui de la sénatrice Brigitte Gros contre le viol, celui d'Yvette Roudy pour la Journée des droits des femmes et l'amélioration des conditions d'accès à l'IVG, celui de Danielle Bousquet contre les violences faites aux femmes, etc. La liste n'est pas exhaustive. Elle montre que les grandes réformes concernant la condition des femmes ont été tenues à bout de bras par des femmes.

Pour **Manon Aubry**, ce combat est encore visible aujourd'hui : « Et mine de rien, le fait est que ce sont encore essentiellement des femmes qui portent des combats féministes en politique, même si je pense que ce n'est pas notre seul rôle. Quand on parle de harcèlement de rue, avec le fait que ça nous soit arrivé, on sait de quoi on parle, et ça vaut pour les métiers féminisés, etc. Je vois à quel point je me bats en interne pour que les questions féministes soient plus importantes dans notre récit politique et notre campagne, mais c'est une bataille et ce sont rarement les mecs qui se battent pour ça. » La députée **Céline Calvez** considère qu'on ne pourra pas mettre en œuvre une politique de l'égalité tant que le pouvoir sera massivement concentré entre les mains des hommes. C'est tout un pan de la vie sociale qui est alors absente et invisible. Il serait certes réducteur de penser qu'une députée ou un député vote ou non une loi en fonction de son sexe, mais en l'absence d'une véritable parité, la conversation reste totalement unilatérale alors que c'est à cette diversité de voix qu'il faut prétendre. Comment la vie des femmes peut-elle être comprise si elle est régie par des lois votées dans un espace de discussion duquel elles sont absentes ? « Peut-être qu'il y a des défis de la société qui sont sous-estimés parce que certains de nos collègues n'en ont pas conscience, ne les ont pas vécus, avance Céline Calvez. Je pense à l'IVG, je pense à l'égalité entre les femmes et les hommes dans le domaine économique. Même s'il y a eu de grands progrès, je dois encore avouer que lors de la discussion qu'on a eue sur la proposition de loi portée par **Marie-Pierre Rixain** à propos de l'accélération de l'égalité professionnelle et économique, on a pu entendre des discours qu'on pensait avoir dépassés et qu'il fallait combattre ! Heureusement la rapporteuse a été très tenace et nous avons été plusieurs, avec Yaël [Braun-Pivet] et les responsables du texte, à essayer de tenir haut la barre des exigences, et cette persévérance a abouti à ce qu'on puisse instaurer des quotas, notamment dans les instances dirigeantes. »

Quand le pouvoir répond à des codes masculins et qu'il est exercé par des hommes, la tâche des femmes – et des femmes politiques en particulier – est considérablement plus difficile. Non seulement il n'est pas simple de comprendre une oppression quand on ne l'a pas subie soi-même, mais les hommes ont aussi tendance à vivre chaque revendication, chaque sujet comme une attaque et une remise en cause de leur identité. Très engagée sur les sujets en lien avec les droits des femmes, la députée LREM de la Gironde **Bérangère Couillard** a porté la proposition de loi visant à protéger les victimes de violences conjugales. Pendant les discussions, elle a constaté à quel point ses collègues hommes se sentaient mis en cause. Elle a eu le sentiment que c'était « trop » pour eux. « Trop de présence, trop de sujets, trop de remises en cause, surtout quand on a parlé de violences sexistes et sexuelles et puis des violences conjugales. Alors là ça a été le trop-plein. Beaucoup ont dit : "Ça va, ça suffit, nous on ne sait même plus quoi faire." Ça, je l'ai vraiment ressenti, comme s'il fallait aussi les apaiser. »

Les hommes qui sont au pouvoir ont tous les outils en main pour pouvoir changer la vie des femmes et les inégalités sociales dont elles souffrent encore. Pourtant, ils ne le font pas ou alors très lentement. Je prends pour exemple récent la question de l'allongement du délai légal pour avoir recours à l'IVG. En septembre 2020, les députées Marie-Noëlle Battistel et Cécile Muschotti ont remis, au nom de la délégation aux droits des femmes et à l'égalité des chances entre les hommes et les femmes, un rapport soulignant qu'entre 3 000 et 5 000 patientes sont encore obligées chaque année de se rendre à l'étranger parce qu'elles ont dépassé le délai de douze semaines. Ce sont souvent des femmes en situation de précarité, vivant dans des régions où les délais de rendez-vous sont extrêmement longs ; leur IVG ne sera alors pas remboursée par la Sécurité sociale. Les députées Albane Gaillot, Delphine Bagarry et Delphine Batho ont déposé une proposition de loi allongeant le délai d'IVG de douze semaines à quatorze semaines. Le texte a été vivement discuté au sein de l'Assemblée nationale et malgré le consensus trouvé entre les députées et les députés, il a été rejeté par le Sénat en janvier 2021. Fin juin 2021, le président de la République s'est opposé à cette réforme car il considère que l'avortement serait plus traumatisant dans ce nouveau délai[2], bien que cette affirmation soit contestée par de nombreuses associations féministes. D'après une élue de la majorité, cette prise de position du président de la République se baserait sur un avis du Conseil national de l'ordre des médecins, qui est très majoritairement composé d'hommes… En octobre 2021, Christophe Castaner, président du groupe LREM à l'Assemblée, a annoncé que la loi serait de nouveau inscrite à l'ordre du jour fin novembre 2021. Plus de quarante-cinq ans après le vote de la loi Veil, le droit à l'avortement n'est toujours pas garanti en France pour toutes.

Autre exemple, les inégalités salariales et économiques entre les hommes et les femmes dont on entend régulièrement parler, notamment le 8 mars, lors de la journée consacrée à la lutte pour le droit des femmes. Selon une étude de l'Observatoire des inégalités, en 2003, parmi les 4 millions d'actifs à temps partiel, 82 % sont des femmes et sur les 5 millions d'actifs peu qualifiés, 61 % sont des femmes. En 2021, les femmes gagnent toujours 23 % de moins que les hommes. Et ces écarts s'accentuent : si l'on imagine que les hommes sont payés jusqu'au 31 décembre à minuit, en 2017 les femmes cessaient d'être payées le 3 novembre à 11 h 44 ; en 2021 c'était le 3 novembre à 9 h 22. Ces chiffres montrent bien l'échec des politiques publiques qui n'arrivent pas à corriger ces inégalités, voire parfois les creusent. Les raisons de ces différences sont multiples, mais les solutions reposent sur la prise de conscience de la dimension féminine de ces problématiques. L'allongement du congé paternité et la valorisation des métiers du *care* et des tâches domestiques représentent un premier pas vers une situation plus égalitaire pour tout le monde. À compter du 1er juillet 2021, la durée du congé paternité passe de quatorze jours à vingt-huit jours avec sept jours obligatoires à la naissance du bébé, le reste pouvant être réparti sur les six mois qui suivent. Ce progrès a été salué par les associations féministes, même si ces timides dispositions restent insuffisantes. La Commission pour les 1 000 premiers jours, dirigée par Boris Cyrulnik, avait recommandé, entre autres, un allongement du congé paternité à neuf semaines. On continue donc de concevoir qu'il est parfaitement normal qu'une femme assure seule les tâches domestiques et le soin porté aux enfants, tandis que les hommes peuvent poursuivre leur carrière sans réels ajustements.

La faible représentation des femmes et les codes extrêmement rigides de nos institutions ne favorisent pas un débat apaisé sur les questions de société et notamment sur celles des droits des femmes. « Aujourd'hui, que ce soit la TVA sur les produits essentiels d'hygiène féminine, ou la précarité menstruelle, plein de sujets propres aux femmes mais qui sont des questions de société sont considérés comme secondaires parce que féminins. Ils concernent pourtant l'ensemble de la société », constate **Aurélia Andreu**.

Le 4 novembre 2021, la députée **Paula Forteza** a présenté à l'Assemblée nationale des mesures visant à faciliter les trois premiers mois de la grossesse. Parmi ces propositions qui seront étudiées dans le cadre de l'examen du budget, on trouve le financement d'un programme de recherche sur le corps et la condition des femmes et une prise en charge des soins à 100 % par la Sécurité sociale, notamment pour le suivi psychologique. Elle suggère aussi des aménagements du Code du travail, en particulier en ce qui concerne le télétravail, et un congé de trois jours en cas de fausse couche. Ces propositions répondent à des questions de santé publique importantes : vécus dans le silence et le secret pour ne pas alerter la famille et l'entourage en cas de fausse couche, les premiers mois de grossesse sont pourtant cruciaux et souvent très difficiles à vivre, à cause de la fatigue et de divers symptômes. C'est une nouvelle étape dans la prise en considération de l'expérience féminine comprise non plus comme un parcours individuel mais aussi comme un fait collectif.

Par ailleurs, c'est un leurre de penser que les droits des femmes conquis de haute lutte sont acquis et irréversibles. Les avancées, réelles, masquent un système encore bien tenace et ces dernières années, avec la montée des populistes nationalistes qui promeuvent une société où les droits des femmes et des minorités sont fortement mis à mal, on assiste à un retour de bâton dont l'objectif est de préserver les privilèges des hommes. On l'a vu avec Trump aux États-Unis, avec Bolsonaro au Brésil, avec Orbán en Hongrie. Ce sont des exemples venus de l'étranger, de pays avec des traditions politiques et une histoire bien différentes des nôtres, mais la tournure du débat en France ces dernières années n'est pas de nature à rassurer.

Plus de femmes, oui, mais surtout plus de féministes

Pour que la condition des femmes s'améliore, il faut des femmes au pouvoir, certes, mais surtout des femmes féministes et non des « auxiliaires du patriarcat », comme les surnomme **Laurence Rossignol**. Il ne s'agit pas d'une simple équité numérique : comment pourrait-on se satisfaire d'avoir 50 % de femmes, si la parole égalitaire et féministe n'est pas valorisée ?

Je parle ici d'un féminisme inclusif, d'un féminisme qui tend à rassembler les femmes, dans leur diversité et avec leurs différences, afin de surmonter les divisions que le patriarcat leur impose. Il est important de ne pas gommer les différences de chacune, de ne pas reproduire, au nom du mythe politique qu'est la sororité, une forme de hiérarchie interne qui reposerait sur d'autres constructions sociales susceptibles de créer de nouvelles formes de domination.

Qui sont donc ces « auxiliaires du patriarcat » ? Ce sont généralement des femmes qui instrumentalisent la cause féminine à des fins électorales mais qui ont un positionnement antiféministe. C'est, d'après Laurence Rossignol, ce que fait la présidente du Rassemblement national : « Le féminisme de Marine Le Pen est un hold-up, c'est de la manipulation, de l'autopromotion. » Après avoir remarqué que les femmes votent davantage pour le parti de la famille Le Pen depuis que la fille de son fondateur en a pris la direction, le FN, rebaptisé « Rassemblement national », cherche à « féminiser » sa direction et n'a pas hésité, lors d'un congrès qui s'est tenu à Perpignan en juillet 2021, à faire en sorte que 40 % de femmes siègent à son conseil national alors qu'elles ne représentaient que 28 % des candidates et candidats du parti lors de l'élection. Comme le relève Nicolas Lebourg, chercheur au Centre d'études politiques de l'Europe latine (Cepel),

CNRS-Montpellier : « Avec la possibilité de la candidature du très masculiniste Éric Zemmour, la rectification du matériau militant initial du RN pour donner à voir un parti féminisé est un vrai angle d'attaque pour le premier tour de 2022[3]. »

Marine Le Pen avait déjà essayé de convaincre les femmes de voter pour elle en 2017. Cela a en partie fonctionné puisqu'elles ont été plus nombreuses que les hommes à voter pour Marine Le Pen : + 2,6 % des votes exprimés au premier tour et + 0,2 % au second tour. Les associations féministes sont cependant montées au créneau pour dénoncer l'hostilité du parti d'extrême droite à l'égard des droits des femmes en soulignant notamment qu'en tant qu'eurodéputée, Marine Le Pen avait constamment voté contre tous les textes progressistes de ce point de vue[4].

Depuis quelques années, des femmes d'extrême droite, qui portent un discours très conservateur et peu émancipateur pour les femmes, arrivent à faire passer leurs messages via des techniques de communication bien rodées. Certaines d'entre elles, à l'instar de Marion Maréchal ou de Thaïs d'Escufon, tout en maîtrisant très bien les nouveaux outils de communication, arrivent à se donner une image moderne et de femmes indépendantes, en totale rupture avec l'image poussiéreuse des principaux leaders conservateurs. Elles opèrent ainsi un décalage entre le fond de ce qu'elles défendent et la forme avec laquelle elles délivrent leurs messages.

C'est ce qu'analyse très bien Christèle Lagier, maîtresse de conférences en science politique : « Évacuant l'imbrication des questions de genre, de classe et de race, ces détournements qui ont contribué à profondément diviser les mouvements féministes ont également ouvert la voie à des définitions alternatives du féminisme dans lesquelles s'engouffrent les formations génétiquement inscrites dans la filiation de l'extrême droite. Il en va d'organisations telles que les Antigones ou encore le collectif Némésis qui, se démarquant des mouvements féministes historiques, surfent eux aussi sur ces détournements discursifs. Alors que le premier replace la femme dans son rôle collectif au sein de la société, le second, dans une relative proximité avec les mouvements de droite conservateurs états-uniens, défend une approche très individualiste. Ils s'éloignent tous les deux de l'incarnation d'un groupe de femmes unies par une quelconque sororité. Les femmes qui portent ces discours apparaissent comme d'autant plus légitimes quand, à l'image de Marion Maréchal-Le Pen, elles sont elles-mêmes séparées du père de leur enfant, indépendantes professionnellement et financièrement, à fort capital culturel et outsiders dans un milieu masculin tel que peut l'incarner encore aujourd'hui la politique. Marion Maréchal-Le Pen, de par sa jeunesse, sa popularité et son extériorité au champ politique traditionnel fortement démonétisé, renvoie les signaux d'une modernité qui peut difficilement lui être disputée. Ce travail d'incarnation altère significativement la portée conservatrice voire réactionnaire de ses positions, qu'elle défend de plus en plus fréquemment dans des arènes médiatiques et politiques devenues très réceptives[5]. »

Pour essayer de comprendre l'ampleur du phénomène et la rhétorique qui y est attachée, j'ai visionné plusieurs vidéos réalisées par ces nouveaux visages de l'extrême droite française. J'ai été particulièrement frappée par un certain paradoxe qui résume finalement assez bien le discours dominant au sein de ces cercles. Tout en glorifiant l'image d'une femme combattante notamment à travers de nombreuses références à Jeanne d'Arc, les femmes se soumettent très volontiers au diktat du patriarcat en affirmant la nécessité de renouer avec la virilité. Cette thèse est très clairement développée par Thaïs d'Escufon, ancienne porte-parole de Génération identitaire, dans une vidéo intitulée « La femme est-elle l'avenir de la droite ? ». Selon elle, si la droite connaît une certaine forme de féminisation, c'est parce que les femmes s'intéressent davantage aux questions de sécurité à cause de « l'explosion du harcèlement de rue et des agressions sexuelles liés à l'immigration et des hommes dévirilisés qui ne les défendent plus ». Après avoir constaté une certaine « montée en puissance » des femmes dans le paysage politique à droite, l'autrice de la vidéo insiste sur le problème que pose, selon elle, cette féminisation de la politique. En se basant sur une thèse développée par Éric Zemmour dans son ouvrage *Le Premier Sexe*, elle affirme que « pour tout un tas de raisons à la fois psychologiques et anthropologiques, le pouvoir est une notion intrinsèquement virile et patriarcale. Les hommes désertant le champ politique, il est inévitable que celui-ci perde en influence et donc en capacité de prendre les rênes d'un pays, on ne peut donc pas s'en réjouir, au contraire », et de continuer : « Je sais que je participe, malgré moi, à invisibiliser la gent masculine de la politique et à sa féminisation, et si je me mets en avant, c'est aussi pour inciter les hommes à reprendre cette place qui leur est due » avant de conclure : « À tous les hommes qui regardent cette vidéo : nous avons besoin de vous[6]. »

Le clivage n'est donc pas tant entre les hommes et les femmes qu'entre les féministes et les non-féministes. Laurence Rossignol m'a d'ailleurs fait remarquer que lors des débats sur l'écriture inclusive au Sénat, la ligne de désaccord ne passait pas entre les hommes et les femmes mais plutôt entre les féministes et celles et ceux qui n'appréhendent pas la dimension systémique de la domination masculine. Depuis la quatrième vague féministe et le mouvement #MeToo, il est de plus en plus difficile, notamment dans l'espace public et médiatique, de ne pas se définir comme

« féministe ». Sur le fond, c'est une excellente chose : être féministe n'est plus une tare et la dimension féminine de certaines problématiques est prise en compte au-delà du sacro-saint « universalisme ». Pour Laurence Rossignol, cette position n'est cependant pas sans danger, car elle implique une forme de « relativisme ». Le féminisme, on peut mettre ce qu'on veut dedans. On peut se dire féministe et cocher pourtant toutes les cases d'un conservatisme dont on a du mal à voir qu'il puisse être bénéfique pour faire avancer la cause des femmes. On peut aussi afficher un féminisme de façade, dans le seul but d'aller dans le sens de l'opinion publique. C'est ce qui est reproché au président Macron qui a fait de l'égalité femmes-hommes le grand principe de son quinquennat mais dont les prises de décision n'ont cessé de battre en brèche cette affirmation. Il n'est pas le seul : les entreprises aussi pratiquent ce qu'on appelle le « féminisme-washing », qui consiste à porter haut et fort les valeurs du féminisme sans jamais réellement s'interroger sur la manière dont soi-même on traite les femmes ou l'on favorise leur carrière professionnelle et leur visibilité.

La parité est une nécessité démocratique à condition qu'elle permette réellement aux femmes de trouver leur place en tant que femmes et non de se couler dans un système qui restera toujours aussi peu inclusif ou de servir de caution à des partis en mal d'existence et de popularité. En somme, comme le résume très justement **Claudine Cordani** : « Les femmes en politique vont changer les choses, mais pas n'importe lesquelles. »

Faire des hommes des alliés de la cause féministe

Dans le combat pour améliorer la condition des femmes, les hommes sont des alliés, et c'est plus particulièrement vrai lorsqu'il s'agit d'hommes féministes avec des responsabilités politiques. C'est mathématique, puisqu'ils sont plus nombreux que les femmes en politique, sans leur soutien, il est plus compliqué de faire adopter des politiques publiques en faveur des femmes. **Olivia Polski** en est d'ailleurs convaincue : le féminisme, c'est aussi l'affaire des hommes, et les femmes ne pourront pas remporter cette bataille seules.

En France, quelques hommes politiques se sont distingués par leur combat en faveur des femmes, mais ils restent assez peu nombreux. Ferdinand Buisson, député entre 1902 et 1924, a défendu le droit de vote pour les femmes. Il serait malhonnête de ne pas saluer ici le mandat de Valéry Giscard d'Estaing au cours duquel les droits des femmes ont connu des avancées notables : la légalisation de l'IVG, le remboursement de la pilule par la Sécurité sociale et l'introduction du divorce par consentement mutuel. Il est encore difficile de savoir s'il était véritablement convaincu par ces avancées ou si, comme le relève Mathilde Larrère, « Giscard s'inscrit dans une évolution de la société qu'il sait saisir, qu'il traduit et qu'il accepte[7] ». C'est aussi François Mitterrand qui a nommé **Édith Cresson** au poste de Première ministre.

Aujourd'hui encore, il est bien rare de trouver des hommes politiques qui, lorsqu'ils se revendiquent féministes, n'instrumentalisent pas cette lutte à des fins électoralistes. Ils sont généralement trahis par leurs actes, qui sont parfois en décalage avec leurs discours. Après avoir fait de la cause des femmes un de ses principaux axes de campagne en 2017, Emmanuel Macron a choisi essentiellement des hommes pour prendre les « grandes » décisions utiles à notre pays… Demandez à une personne de votre entourage de citer un homme politique véritablement féministe. J'ai fait le test autour de moi, j'ai même posté un tweet pour avoir les réactions de ma communauté. Seuls deux noms revenaient régulièrement dans les commentaires : Benoît

Hamon et Éric Piolle. L'expérience nous montre toutefois qu'il ne s'agit pas de se revendiquer féministe, de le clamer haut et fort pour l'être véritablement. Il est heureusement des hommes qui discrètement, sans même nécessairement en avoir conscience, contribuent à la cause des femmes.

Pour **Andréa Kiss**, le fait que les hommes soient au pouvoir n'est pas nécessairement un obstacle à l'amélioration de la condition des femmes. « Je pense qu'aujourd'hui on a des hommes qui sont parfois plus féministes que certaines femmes, et à l'inverse on a des femmes politiques d'envergure nationale qui ont une vision de la place des femmes absolument choquante. Je pense notamment à Marine Le Pen qui voudrait renvoyer les femmes au foyer pour qu'elles s'occupent des enfants. On a des hommes beaucoup plus ouverts et modernes que certaines femmes. » Aurélia Andreu va encore plus loin et considère que les hommes ont une grande responsabilité : « Il y a encore des choses à faire. Il est de notre responsabilité en tant que femmes de continuer à débroussailler ce chemin et de ne pas reproduire les erreurs du passé. C'est également celle de l'appareil politique – pas simplement de l'appareil en tant qu'organisation, mais de chaque homme politique – de changer sa vision des choses. Certains le font très bien, d'autres ont encore une vision passéiste. »

D'après Paula Forteza, la révolution féministe et la transition vers l'égalité des droits ne doivent pas être portées seulement par des femmes mais aussi par des hommes. Il faut pour cela réfléchir aux nouvelles masculinités, se demander comment faire en sorte que les hommes soient à l'écoute, laissent de la place aux femmes ou à toutes les personnes exclues du pouvoir, ne cherchent plus à toujours s'imposer mais favorisent la recherche de consensus. « On n'arrivera pas à avancer si les hommes ne font pas un bout de chemin de leur côté. »

Pour une politique féministe

En dépit de la défiance dont elles sont trop souvent victimes, les femmes ont régulièrement incarné l'espoir d'un renouveau politique. Malheureusement, cette image de la femme politique en sauveuse s'est construite sur une altérité caricaturale dont nous avons déjà parlé : les femmes seraient plus douces, plus concrètes, plus efficaces que les hommes. La crise du Covid l'a encore montré : on a vu se multiplier les articles sur la gestion de la pandémie, différente suivant que les pays sont gouvernés par des femmes ou par des hommes. Cette analyse essentialiste a bien sûr ses limites, mais l'argument inverse, qui fonde la nécessité d'une totale parité uniquement sur l'idée qu'« une femme a le droit d'être aussi incompétente qu'un homme », n'est guère plus intéressante.

Parce qu'elles étaient exclues de la vie publique, les femmes ont dû développer des stratégies, conscientes ou inconscientes, collectives ou plus intimes, pour exister et trouver leur place aux côtés des hommes. Même celles qui refusent l'étiquette féministe et rejettent ce combat-là s'inscrivent dans un héritage dont elles bénéficient, qu'elles le veuillent ou non. Pour Christiane Taubira, ancienne garde des Sceaux,

« les femmes, porteuses de la mémoire d'une longue histoire d'oppression, savent ce que les lois peuvent permettre ou empêcher. [...] C'est cette longue histoire pluriséculaire d'oppression et de domination que les femmes ont subie [...] qui peut faire une différence dans leur rapport à la décision politique[1] ». C'est cette expérience-là qui les différencie, et non leur genre, et c'est cette expérience-là, si difficile soit-elle parfois à appréhender, qu'il faut valoriser.

La parité est une exigence démocratique, certes, mais il ne s'agit pas de perpétuer des manières de faire d'un autre âge qui, en plus, vous coûtent une énergie folle et vous mettent en difficulté. La présence des femmes dans l'espace public et politique ne répond pas à un simple calcul numérique, c'est surtout une occasion de changer un système dont on ne fait que voir les limites pour les femmes politiques, pour les femmes en général et pour la société dans son ensemble. Le problème n'est pas ou plus le nombre de femmes au pouvoir mais la nature même de ce pouvoir. Développer et valoriser une politique féminine et féministe n'est pas une contre-proposition sectaire, c'est une solution pour « dégenrer » l'exercice politique afin de sortir de cette logique de domination et de personnification du pouvoir.

Le mâle démocratique : les aspects néfastes d'un exercice viriliste du pouvoir

“Le leadership, c'est comme avec les hommes. Il y a l'homme idéal et l'homme qui vous convient pour faire votre vie avec, et ce ne sont pas du tout les mêmes.”

Valérie Petit

En 2020 et 2021, alors que la crise du Covid-19 mettait le monde à l'arrêt et que presque tous les échanges économiques et sociaux étaient interrompus, les dirigeants du Brésil, des États-Unis et, dans une moindre mesure, du Royaume-Uni ont délibérément remis en cause la parole des scientifiques sur la dangerosité du virus et sur l'efficacité du vaccin. Comme le souligne *Le Monde* dans un éditorial en date du 16 janvier 2021, « le bilan de 400 000 morts apparaît comme la conséquence de ce mélange d'arrogance, de cynisme, de mépris pour les scientifiques et de mensonge caractéristique de la personnalité du président américain[2] ».

L'apparition de leaders populistes comme Donald Trump, Jair Bolsonaro ou Boris Johnson est le signe des graves crises politiques que connaît la démocratie. Ils incarnent un pouvoir prédateur et dominateur auquel il semblerait que certaines électrices et certains électeurs soient sensibles, une vision politique uni-dimensionnée qui ne repose que sur la force, l'ascendant pris sur l'adversaire. Dans son ouvrage *La Démocratie féministe*, Marie-Cécile Naves analyse parfaitement cette émergence : « Ces dirigeants nationaux-populistes veulent impressionner leurs adversaires et galvaniser leurs partisans. Les menaces, le bluff, les volte-face créent un climat d'incertitude, dans leur pays comme à l'étranger. C'est, à l'extérieur des frontières, laisser ouverte la possibilité de la guerre (au sens militaire ou économique), mépriser les règles du droit international, menacer partenaires et alliés. La dureté, la méchanceté, les préjugés sont convoqués. L'action est valorisée à l'extrême, aux dépens de la réflexion. La méfiance vis-à-vis de la science se complète d'une haine des intellectuel·le·s, assimilé·e·s aux élites, ennemies du peuple[3]. »

Dans des situations qui leur échappaient totalement, Boris Johnson, Jair Bolsonaro et Donald Trump ont tous les trois volontairement minimisé les risques induits par la propagation du virus en inventant un contre-récit en totale contradiction avec ce qu'avançaient les scientifiques. Ils ont décidé d'adopter une posture inflexible et ont refusé toute contradiction, car reconnaître qu'ils avaient tort et qu'ils n'avaient pas la main sur la crise, c'était à leurs yeux admettre qu'ils étaient faibles. Dans une moindre mesure, la fameuse phrase prononcée par Emmanuel Macron lors d'une de ses nombreuses interventions télévisées en 2020 est aussi assez emblématique : « Je ne dirais pas que c'est un échec, ça n'a pas marché » à propos de l'application StopCovid. S'il est difficile de comparer nos responsables politiques à Donald Trump, il n'en reste pas moins que notre vision du pouvoir repose aussi sur la puissance et l'autorité. Dès octobre 2016, dans un entretien accordé au magazine *Challenge*, Emmanuel Macron a précisé que la France avait besoin d'un chef de l'État jupitérien et qu'il voulait l'incarner. Cette référence n'est pas anodine, Jupiter est le dieu des dieux, celui qui domine et gouverne la terre et le ciel, ainsi que tous les êtres vivants s'y trouvant. Nous sommes habitué·e·s à cette image du leader fort et charismatique et à la valorisation de notions telles que la puissance, la ténacité, le goût de la bagarre, et nous y souscrivons à chaque élection ou presque. Toutes les tentatives pour incarner le pouvoir un peu différemment sont en règle générale vouées à l'échec et à des scores plus qu'en demi-teinte.

Cette conception patriarcale du pouvoir dicte notre agenda politique, parfois même sans que l'on s'en rende compte. Depuis plusieurs décennies maintenant, à chaque élection, le thème de la sécurité s'invite dans le débat public. C'est Jacques Chirac qui ouvre le bal en 2002 et trace sa route vers l'Élysée en surfant sur le « sentiment d'insécurité » des Françaises et des Français. L'agression en mai 2002 de Paul Voise, un retraité, l'incendie de sa maison près d'Orléans par deux voleurs et le traitement médiatique qui s'ensuit achèvent alors de persuader les Françaises et les Français de la nécessité d'une plus grande fermeté en matière de sécurité. Sarkozy reprendra le flambeau en 2007, articulant ensemble les questions sécuritaires et identitaires dans le sillage des émeutes des banlieues de 2005. En 2021, avant même le lancement de la campagne présidentielle, les principaux protagonistes, Macron en tête, ont décidé que la campagne se jouerait sur ce terrain régalien. Il suffit d'analyser le discours prononcé par le candidat Xavier Bertrand le 15 septembre 2021, au lendemain des annonces faites par Emmanuel Macron à l'issue du Beauvau de la sécurité, pour comprendre l'escalade. On y retrouve toute une série de mesures excessivement autoritaires en matière de sécurité, de justice et d'immigration, une façon de « frapper » encore plus fort que le président-candidat. Les termes employés par la classe politique sont évocateurs : « ensauvagement » (Gérald Darmanin), « un été *Orange mécanique* » (Xavier Bertrand), « barbarie ordinaire » (Bruno Retailleau), « véritable barbarie » (Marine Le Pen). Mais pourquoi donc ? Pourquoi la sécurité occupe-t-elle autant les discours politiques ? Pourquoi les candidates et les candidats surenchérissent-ils chacun son tour et se livrent-ils à une incessante joute idéologique sur ce thème ? Est-ce pour répondre à une préoccupation majeure des Françaises et des Français ? Comme le démontre la neuvième vague de l'enquête annuelle « Fractures françaises » réalisée en septembre 2021 par Ipsos-Sopra Steria pour *Le Monde*, la sécurité n'est plus la préoccupation principale des Françaises et des Français : elle passe derrière la crise sanitaire, la protection de l'environnement et l'avenir de notre système social. Si ce sujet de la sécurité obsède tant certaines candidates et certains candidats, c'est sans doute parce que, en l'utilisant, elles et ils peuvent embrasser les codes d'un pouvoir basé sur la force. Le message est simple : « C'est le chaos et je suis là pour mettre de l'ordre. » Cela accrédite encore plus la figure de l'homme fort, de l'homme providentiel qui viendrait nous sauver d'une situation catastrophique et dangereuse. Or on sait bien qu'il faut se méfier de celui qui veut mettre de l'ordre.

La nature virile du pouvoir imprègne le fond des débats mais aussi leur forme. En période de campagne électorale, les candidates et les candidats ne débattent pas mais ils se livrent à des joutes verbales. Le débat entre Jean-Luc Mélenchon et Éric Zemmour qui s'est tenu le 23 septembre 2021 sur la chaîne BFMTV en offre un excellent exemple. Juste avant le débat, on pouvait lire dans les médias et sur les réseaux sociaux que le « duel » s'annonçait houleux, on se demandait qui allait « gagner le combat », qui allait « plier » l'autre. Jean-Luc Mélenchon disait sur son compte TikTok qu'il allait « soulever » Éric Zemmour. Outre bon nombre d'interrogations quant à la pertinence d'un tel débat, tous les ingrédients étaient réunis pour que cet événement relève davantage du show télévisé que d'un débat digne de candidats à la plus haute fonction de notre pays. Et nous revoilà devant le même spectacle immuable : deux hommes amoureux de leur propre voix et de la pompe qui les entoure en train de faire assaut d'idéologie et de bons mots jusqu'à ce que l'un l'emporte dans une discussion sans queue ni tête qui n'a plus qu'un très vague rapport avec la réalité de ce que nous vivons.

À l'inverse, les débats menés par les candidates et candidats à la primaire écologiste en septembre 2021 ont offert une agréable bouffée d'air. L'ensemble des journalistes et des observatrices et observateurs de la vie politique, parmi lesquel·le·s je me range, a d'ailleurs été pour une fois unanime. Ce débat était sain, apaisé et riche sur le fond. La présence de deux femmes, Delphine Batho et **Sandrine Rousseau**, a très certainement joué. Elles ont toutes les deux su, alors que tout le monde s'attendait à un face-à-face entre Yannick Jadot et Éric Piolle, s'imposer et faire émerger des thèmes – la décroissance pour Delphine Batho et l'écoféminisme pour Sandrine Rousseau – assez nouveaux et qui ont d'ailleurs été ensuite débattus au-delà de leur propre famille politique.

La valorisation de la parole tribunicienne, où parler fort équivaut à parler bien, est extrêmement dommageable. Ce type de postures a tendance à hystériser le débat. Les idées deviennent alors complètement secondaires. Les programmes et les réformes proposés se retrouvent éclipsés au profit d'un combat de coqs où chacun doit montrer à quel point il est plus fort que l'autre et capable d'affirmer son autorité. De même, ce refus de certains candidats de se montrer dans une position de faiblesse, de se dédire si besoin, de s'en remettre à d'autres, de négocier, nous prive d'une réflexion politique solide. Comment avoir accès à une parole construite et généreuse, au dialogue, si elles ou ils ne peuvent jamais dévier d'une position d'autorité au risque de se retrouver dans celle – de toute évidence fort peu recommandable si l'on brigue les plus hautes fonctions – du beatnik hirsute, idéaliste, laxiste et totalement irresponsable, ou de la dame caté vaguement illuminée ?

Au sujet de ce rapport au leadership, l'analyse de la députée **Valérie Petit**, qui a longuement travaillé sur cette question lorsqu'elle était chercheuse, est très éclairante. Pour elle, le problème réside dans la représentation que les gens se font d'un leader : « Le leadership, c'est comme avec les hommes. Il y a l'homme idéal et l'homme qui vous convient pour faire votre vie avec, et ce ne sont pas du tout les mêmes. Et souvent vous allez recruter l'homme idéal mais ce n'est pas celui qu'il vous faut. Et il faut apprendre à tomber amoureuse de celui qu'il vous faut. Eh bien, c'est pareil en politique. L'image que l'on a du leader en politique est très bonapartiste, très virile, très genrée. C'est un homme seul, rationnel, qui décide. Sauf que la réalité, c'est au quotidien. Que veulent les gens ? Ils veulent des dirigeants à leur hauteur, qui les considèrent, qui créent du consensus, qui partagent le pouvoir, mais c'est pas d'eux qu'ils tombent amoureux. Vous voyez, c'est le problème de Hollande. Il l'avait compris et on a vu la tragédie de cette dichotomie entre le leader dont les Français rêvent et le leader dont ils ont besoin. » Pour Valérie Petit, la question reste entière : comment fait-on pour changer cela, pour faire admettre que ce leader idéal nous mène à la ruine, et comment fait-on pour tomber amoureuses et amoureux de celles et ceux qui voudront nous emmener vers un futur un peu plus lumineux, où les femmes et les hommes ont toutes et tous leur place ? C'est une histoire d'amour. Le combat se situe non pas sur les qualités de leadership, non pas sur les leaders, mais sur les représentations que nous avons d'elles et d'eux, et qui nous éloignent d'une juste représentativité. Ces représentations qui nous poussent toujours vers le même profil : un homme charismatique. C'est un stéréotype auquel les électrices et les électeurs adhèrent presque malgré eux.

« Et après, on ne comprend pas pourquoi on ne l'aime plus », ajoute-t-elle. Elle parle même de schizophrénie. Notre vision du leader est celle d'un homme seul et conquérant, sauf que les problèmes se résolvent avec de l'intelligence collective, de la diplomatie, de la considération, de l'humanité. Il ne s'agit plus d'héroïsme ou des guerres que l'on remporte. La guerre, la force, le pouvoir, c'est pour les histoires, c'est du fantasme – et pourtant c'est encore comme cela que nous sommes dirigés. Et Valérie Petit de poser cette question : « Comment on va faire pour réduire ça, j'aimerais bien le savoir. »

Tandis que j'écoutais toutes ces femmes politiques me raconter leurs expériences, je n'ai cessé de me demander tout ce qu'elles auraient pu ou pourraient accomplir encore si la majeure partie de leur temps et de leur énergie n'avait pas été consacrée à se défendre, si on leur avait donné un juste temps de parole et d'expression, si elles avaient été visibles au même titre que leurs collègues masculins. Si le tableau n'est guère réjouissant, la société change, évolue. Le succès de Sandrine Rousseau à la primaire écologiste, l'engouement qu'elle a provoqué chez les électrices et les électeurs, les candidatures d'Anne Hidalgo et Valérie Pécresse à la présidentielle, tout cela montre bien qu'un nouvel état d'esprit est possible. Sans doute les médias, les institutions et les partis politiques ont-ils encore beaucoup de mal à sortir de ces modes de fonctionnement totalement dépassés, mais la population y semble bien plus prête qu'il n'y paraît. **Nelly Garnier**, conseillère régionale LR en Île-de-France et conseillère de Paris, y croit en tout cas : « On va vers une grande ère du leadership féminin, pour lequel la population est prête mais pas les partis politiques. Les femmes n'ont pas besoin de s'inscrire dans une logique de domination masculine car ce n'est pas ce que la population attend. »

> **“L’histoire inégalitaire, dont nous avons conscience, nous amène vers une pratique politique plus tournée vers le partage du pouvoir.”**
>
> **Martine Chantecaille**

Devant cet état de fait, ces certitudes assenées, ces vociférations, cette voix du père et de Jupiter, cette désaffection des citoyennes et des citoyens, les femmes politiques ont le sentiment très fort non pas de « faire de la politique autrement » mais d’incarner parfois malgré elles une autre voie. Ne serait-ce que parce que les contraintes qui leur sont imposées les obligent constamment à se poser la question de leur positionnement et de l’endroit d’où elles parlent.

Christine Lagarde a partagé ce constat au micro de Léa Salamé en décembre 2020 : « J’ai toujours constaté que quand j’étais avec des groupes d’hommes, on [les femmes] approche le problème sous un autre angle. On est souvent plus attentives à la dimension des personnes[4]. » Elle remarque aussi que « quand ça va vraiment mal, on appelle des femmes. Il y a plusieurs pays, dirigés par des femmes, où le taux de mortalité, les contagions, le taux de renouvellement, etc. ont été mieux gérés [en référence à la pandémie due au Covid-19][5] ». Elle défend aussi une approche plus inclusive de la prise de décision : « Ce qui est calamiteux, c’est lorsque des questions sont gérées uniquement par des hommes. Mais gérées uniquement par des femmes ce serait peut-être aussi calamiteux. C’est le principe de l’exclusion de l’autre qui me paraît redoutable et la diversité est une source de réflexion, de pondération, de meilleure appréciation du risque, de meilleure prise de décision, parce qu'on a des langages différents, on a des appréhensions différentes des problèmes, et ça, j'en suis absolument convaincue[6]. »

Emma Antropoli considère, elle, que les femmes ont plus le sens de la mission que les hommes. Les femmes pensent surtout aux bénéficiaires et aux résultats. Elles ne portent pas un projet politique pour des enjeux de communication ou pour l'effet d'annonce. Lorsqu'elles s'investissent en politique, elles doivent faire de si grands sacrifices dans leur vie personnelle qu'elles n'ont pas d'autre choix que de faire aboutir les projets ; les choses doivent changer réellement. Les femmes sont aussi plus investies dans leur mandat, comme le souligne **Judith Shan** : « Elles sont à la fois plus présentes là où elles vivent, plus présentes auprès des gens qui les ont élues et plus présentes dans les assemblées où elles siègent. » Les femmes ont l'impression d'être redevables, sans doute parce que les personnes qui viennent exposer leur cas dans les permanences sont le plus souvent des femmes et qu'elles se sentent tenues à une forme de solidarité. Pour **Nadine Bellurot**, les femmes abordent les choses de façon différente par rapport aux hommes, elles développent très vite de la solidarité et arrivent plus aisément à travailler ensemble et à coconstruire.

Pour Paula Forteza, les femmes font preuve de plus de rigueur, de transparence et de probité. Elles sont très attentives à la loi, à la procédure, et c'est plus particulièrement vrai au sein de la nouvelle génération. Elle a l'impression que les hommes sont parfois moins regardants, notamment lorsqu'ils sont entre eux car ils se sentent protégés et plus à l'aise. Les jeunes femmes sont plus exigeantes par rapport à ces aspects, elles refusent parfois de s'engager dans des organisations politiques qui ne leur semblent pas remplir ces conditions. À l'inverse, lorsque des organisations ou des candidates et candidats leur semblent lutter contre les côtés les plus négatifs de la politique, elles ont envie de les soutenir. C'est ce que m'a confié **Clémence Dollé**, qui s'est décidée à rejoindre l'équipe de Sandrine Rousseau parce que cette dernière avait dénoncé les violences sexuelles au sein de son parti et qu'elle participait ainsi au changement et au renouveau politique.

Nadia Essayan affirme sa différence : « Je ne prétends pas faire de la politique comme les hommes, par exemple je ne bouscule pas les autres. » Paula Forteza revendique elle aussi la part féminine et finalement personnelle de son approche de la politique : « Je crois qu'il y a une question qu'on se pose toutes à un moment quand on est en politique, c'est : est-ce qu'il faut qu'on adopte les codes, la personnalité et la façon de faire des hommes pour s'imposer, ou au contraire, est-ce qu'il faut rester soi-même et arriver à ce que ça soit valorisé d'une façon ou d'une autre ? C'est difficile. J'ai tendance à dire que je n'ai pas envie d'adopter ces codes, je suis une personne assez douce, diplomate, je n'aime pas trop le conflit, c'est un trait un peu latino. Je suis plus à vouloir porter des choses constructives, optimistes. C'est vrai que parfois on me traite de Bisounours, mais je n'arrive pas à entrer dans les jeux de relations de force. J'essaie de rester moi-même, je ne veux pas me faire violence, je suis comme je suis et même si elle n'est pas forcément adaptée au contexte politique, je n'ai pas envie de changer ma personnalité. »

Zoé Lorioux-Chevalier considère que, en dehors du cercle politique, le pouvoir n'intéresse plus personne. Pour elle, les femmes sont davantage en capacité de s'extraire de ce rapport de force. « Si on arrive à sortir des codes masculins de la politique, on pourra sortir de ce rapport de pouvoir et renouer avec les électeurs. » Pour **Caroline Janvier**, les femmes gèrent différemment les rapports de force en politique, elles vont souvent laisser de côté l'affrontement au profit de la coopération et de la recherche de consensus. « J'ai beaucoup parlé de la question de l'agressivité, de l'affrontement, du rapport de force qui fait partie de la politique mais qui est géré comme un sport de combat par les hommes alors que j'ai le sentiment que le féminin va plutôt appréhender cela d'une autre façon, avec la recherche de consensus, avec la coopération, avec l'influence, la stratégie de l'influence plus que du combat. Ça, c'est peu valorisé et c'est peu visible, notamment à cause du traitement médiatique. J'observe la façon dont un certain nombre de journalistes politiques ne détectent pas tout un tas de stratégies, de combats politiques, parce que ça ne va pas répondre à ce qu'ils ont l'habitude de voir et de considérer comme étant de la politique : la provocation, la posture, si possible un peu radicale, etc. »

Même constat au niveau local pour Andréa Kiss : la recherche du consensus est beaucoup plus importante chez les femmes que chez les hommes. « Je pense que les femmes font de la politique autrement, notamment au niveau local. Je ne peux pas vous le dire au niveau national parce que je n'ai jamais brigué de mandat à ce niveau-là, mais je pense qu'on a une vision beaucoup plus pragmatique des choses et on a peut-être un sens du consensus un peu supérieur à celui des hommes. J'ai le sentiment qu'il y a moins de combats de poules que de combats de coqs. On arrive globalement à trouver des solutions intelligentes plus facilement quand on est des femmes que quand on est des hommes. Avec eux, c'est souvent le concours de celui qui pisse le plus loin. Nous, on ne peut pas physiquement faire ce genre de choses, donc nous, intellectuellement, on se dit qu'il faut qu'on trouve des solutions. Mais d'un autre côté, on peut aussi se dire que les femmes sont aussi capables du pire comme les hommes. »

Il ne s'agit pas seulement de leur conception de la politique et de la nature de leur engagement mais aussi de la manière dont elles véhiculent leurs idées. En politique, la parole est importante, c'est elle qui emporte et convainc. La parole incarnée par les femmes est différente en ce qu'elle s'oppose à la fameuse éloquence tribunicienne, ces voix tonnantes, pour ne pas dire tonitruantes. Olivia Polski considère que le propos des hommes est galvaudé à cause de cette attitude qui crée encore plus de distance. Pour elle, la voix des femmes est davantage audible et instaure plus de proximité avec les gens. Cette façon de s'exprimer, qui est moins descendante, est assez récente. Beaucoup de femmes, et plus particulièrement celles qui ont commencé leur carrière politique dans les années 1980, 1990, ont eu tendance à répéter ce que faisaient les hommes et à adopter les mêmes techniques oratoires. **Johanna Roquet** partage cet avis et insiste sur l'importance de montrer, notamment pour les femmes qui souhaiteraient faire de la politique, qu'il n'est pas nécessaire de haranguer les foules. Cela l'a rassurée lorsqu'elle a pris la décision de s'engager en politique : elle l'a compris en entendant un discours de Marie Toussaint, eurodéputée, membre de l'ONG EndEcocide, présidente et cofondatrice de l'association Notre affaire à tous, qui contrastait beaucoup, par sa douceur, avec les discours qu'elle avait entendus jusqu'à présent.

D'après Nadine Bellurot, les femmes préparent davantage leurs prises de parole, ce qui les rend plus qualitatives tant sur le fond que sur la forme. C'est aussi ce que relevait l'Observatoire de la parité entre les femmes et les hommes dans son enquête réalisée auprès des candidates aux législatives en 2012 : « Pour s'imposer dans un univers masculin, les femmes doivent redoubler de travail. Elles expliquent toutes que chacune de leurs prises de parole est préparée scrupuleusement pour qu'elles soient irréprochables. Si cette méthode paraît logique et naturelle, les femmes et les hommes ne sont pas logés à la même enseigne. En effet, lorsque les femmes développent leur argumentaire elles doivent pouvoir justifier chacune de leurs prises de position[7]. »

Malgré les réticences à considérer qu'il y aurait une « politique féminine », il semblerait bien qu'il existe une forme de leadership féminin. Ce que mes interlocutrices ont partagé avec moi est mis en avant par certaines institutions comme ONU Femmes : « Il est de plus en plus clair et établi que le leadership des femmes dans les processus décisionnaires politiques les améliore. Par exemple, des recherches sur les *panchayats* (conseils municipaux) en Inde ont révélé que le nombre de projets d'eau potable dans les régions où les conseils municipaux étaient dirigés par des femmes était supérieur de 62 % à celui des régions où les conseils municipaux étaient dirigés par des hommes. En Norvège, une relation causale directe a été déterminée entre la présence de femmes au sein des conseils municipaux et la couverture de garderies. Les femmes font preuve de leadership politique en faisant abstraction des allégeances politiques par le biais de caucus [réunions] de femmes parlementaires – même dans les environnements les plus combatifs sur le plan politique – et en défendant les questions d'égalité des sexes, telles que l'élimination de la violence basée sur le genre, le congé parental et les services de garde d'enfants, les pensions, les lois sur l'égalité des sexes, et la réforme électorale[8]. »

“On a vu ce que les hommes peuvent faire, il est temps de voir ce que les femmes peuvent faire.”

Léna Van Nieuwenhuyse

« Le fait d'être une femme n'est en soi un signe ni d'infériorité ni de supériorité. Ce qui est indispensable, c'est le fait qu'il y puisse y avoir un point de vue diversifié et un juste équilibre entre femmes et hommes », m'a dit **Frédérique Dumas** lors de notre entretien. La valorisation de la féminité en politique a longtemps été à double tranchant. Les femmes politiques seraient plus empathiques, plus proches des gens, moins carriéristes, moins violentes, plus discrètes, moins avides de pouvoir. Les idées reçues les concernant ne manquent pas et sont préjudiciables à deux titres : non seulement les qualités qu'on leur prête sont finalement assez peu valorisées dans notre société, mais cette assignation de genre perpétue inlassablement la hiérarchisation des sexes au détriment des femmes. Il serait pourtant très intéressant de reconsidérer la douceur, l'empathie, l'absence d'ambition comme des éléments centraux de notre rapport aux autres. Le combat des femmes pour se faire une place dans les lieux de pouvoir est une proposition politique passionnante non parce qu'elles sont des femmes mais parce que cela va dans le sens de la démocratie, cette forme de gouvernement fondée sur l'égalité des voix. La présence des femmes, la présence de féministes, leur lutte pour l'égalité sont l'assurance pour toutes et tous d'une société plus démocratique. Et c'est seulement après avoir pensé cette exigence-là que l'on peut s'intéresser à ce que les femmes apportent et au fait que leur présence, en plus grand nombre, dans l'espace public représente la possibilité d'un vrai changement.

L'accession des femmes à l'espace politique a été l'irruption soudaine d'un quotidien et d'une expérience qui jusque-là n'étaient jamais représentés, vus ou entendus. Elles ont brisé le « tous les mêmes », cette impression que la classe dirigeante forme un tout uniforme et homogène et donc interchangeable et qui, par un effet de miroir, intime aux citoyennes et citoyens de museler leur propre altérité et les spécificités de leur expérience au profit d'un « bien commun » et d'un universalisme dont elles et ils ont, somme toute, assez rarement le loisir de récolter les bénéfices. J'espère sincèrement qu'un jour nous pourrons tous partir dans le soleil couchant bras dessus bras dessous, bloc uni dans une belle homogénéité de pensée, mais tandis que j'écris ces lignes, j'ai bien conscience que c'est parce que des femmes se sont engagées en tant que femmes, parce qu'elles ont lutté pour politiser la dimension féminine de leur existence que je mène la vie que j'ai aujourd'hui.

Alors que j'écoutais ces femmes me parler de leur parcours, de leurs engagements, me parler d'empathie, de concrétude, d'efficacité et de *care*, je me suis posé cette question : quel mal y a-t-il à penser une société plus juste, plus égalitaire, une société où le souci de l'autre pourrait être envisagé comme une solution économique et sociale viable plutôt qu'à rester prisonnières et prisonniers d'une équation libérale et capitaliste qui ressemble de plus en plus à un drôle de chantage ? Lorsqu'en avril 2010, dans une tribune du *Monde*, Martine Aubry propose une société basée sur le *care* et le soin mutuel, « une société du bien-être et du respect qui prend soin de chacun et prépare l'avenir », les réactions sont unanimes à gauche comme à droite : « nunucheries », « bons sentiments », « retour en arrière ». Que signifient ces réactions ?

Que certaines et certains voudraient vivre dans une société du mal-être, du manque de respect, de l'absence d'attention ? Même si cette vision de la société rencontre encore énormément de résistances, le débat est lancé, l'idée fait son chemin. Chaque jour, dans notre vie quotidienne, celle de nos enfants, celle de nos parents vieillissants, nous faisons l'expérience de ce que nous vaut l'inattention (*careless*), l'abandon d'autrui. Ne venons-nous pas, d'ailleurs, de passer près de deux ans coincé·e·s chez nous pour soutenir un système de santé défaillant ? Espérons que la crise du Covid achèvera de nous convaincre de la nécessité de ce basculement. Les voix sont de plus en plus nombreuses à s'élever et à s'intéresser à la question. Le désir d'horizontalité et de proximité de la société est évident. Nous avons renvoyé dans l'invisible tous ces métiers qu'on appelle les métiers du *care*, considérant que c'était là la place et l'essence des femmes que de veiller sur leur prochain et de « prendre soin », d'organiser les choses gratuitement et silencieusement. Or c'est justement la politisation et la valorisation de ces métiers et des valeurs qui leur sont associées qui sont maintenant nécessaires. Cela passera par la « dégenrisation » du pouvoir, laquelle n'est possible que grâce à une plus grande présence des femmes dans les instances politiques mais aussi à une mise en valeur des notions et des métiers que l'on a trop longtemps prêtés seulement aux femmes alors que cela nous concerne toutes et tous. Le féminin et le féminisme sont un « hub » à partir duquel penser la nécessaire transition vers une société plus égalitaire, plus inclusive, plus solidaire, plus écologique. De ce processus, les hommes ne sont pas exclus : au contraire, ce mouvement leur offre de sortir d'une logique de domination dont ils sont eux aussi victimes. La présence des femmes en politique marque la fin de l'opposition entre les genres et l'émergence d'une autre manière d'envisager le pouvoir et la politique. Cette « dégenrisation » du pouvoir, **Diana Filippova** l'a très bien perçue : « Et puis, il y a des hommes qui "sont comme des femmes" dans les grandes assemblées. Je veux dire qu'ils ont quelque chose de cette intense sensibilité qui transforme le monologue en conversation, les certitudes en doute, l'affirmation de soi en reconnaissance de l'autre. Ces hommes ne cherchent pas à jucher leurs bottes sur la table. De ces hommes, il y en a de plus en plus, et j'ose espérer il y en aura de plus en plus dans le futur. À l'opposé des mecs "mecs" qui écrasent les autres. Et ces hommes-là, ils vivent souvent quelque chose d'assez similaire aux femmes. Car les hommes dominants, ceux qui écrasent les femmes, ils ne sont pas comme cela qu'avec les femmes. Ils sont comme cela avec tous les faibles : les femmes, les personnes d'origine différente, les enfants, les jeunes, les vieux, les autres hommes. Donc, vraiment, le mâle alpha, ce n'est pas l'ennemi de la seule femme, c'est l'ennemi de toutes les personnes possiblement vulnérables, quelle que soit par ailleurs la nature précise de cette vulnérabilité. »

Selon des études réalisées par l'OCDE, la proportion de personnes déclarant avoir confiance envers leur gouvernement en 2020 était de 41 % en France, de 80,9 % en Finlande (Sanna Marin), de 71,6 % au Danemark (Mette Frederiksen), de 65,4 % en Allemagne (Angela Merkel), de 62,9 % en Nouvelle-Zélande (Jacinda Ardern). Parmi le top 10 des États (parmi les 38 pays membres de l'OCDE) où la population a le plus de confiance envers l'action de son gouvernement, 4 sont gouvernés par des femmes alors qu'elles ne sont que 21 cheffes d'État ou de gouvernement dans le monde[9].

À l'inverse, parmi les 10 derniers, 1 seul est gouverné par une femme et 5 le sont par des hommes populistes.

QUATRIÈME PARTIE

Comment favoriser la place des femmes en politique ?

L'histoire politique a beau avoir été racontée d'un point de vue presque exclusivement masculin, les femmes sont bien plus politisées qu'on ne le pense et qu'on ne le voit. Depuis la Révolution française jusqu'aux Gilets jaunes, en passant par Mai 68 et le mouvement #MeToo, elles ont pris part en nombre aux mouvements sociaux contestataires, aux révolutions, aux grèves, à quelque forme que ce soit de résistance. Cette politisation des femmes est paradoxalement aussi fantasmée que méconnue. Il y a les grandes figures, les grands combats qui cachent une forêt bien plus vaste : une énergie, des formes d'engagement et des représentations rendues invisibles.

Le problème n'est pas tant que les femmes ne s'engagent pas dans la cité, mais que cet engagement n'est pas assez valorisé, ni facilité et surtout qu'il peine à se traduire politiquement. Favoriser la place des femmes en politique est une exigence d'égalité, une vraie question féministe, mais cela permet aussi d'infléchir, par plein de petits appels d'air, un système en bout de course, désormais incapable de répondre aux enjeux de notre temps. Comment faire alors pour que le potentiel politique des femmes s'incarne et nous soit profitable à toutes et à tous ?

La question est d'autant plus difficile qu'elle n'est pas neuve. Malgré les lois sur la parité, malgré les luttes féministes, la place des femmes en politique reste terriblement anecdotique et le débat sur cette question s'enlise très souvent dans des bavardages essentialistes qui, quelle que soit la façon de le considérer, renvoie le féminisme à une simple idéologie là où il devrait être une force politique majeure partagée par tout le monde, femmes et hommes.

Avant même de se poser la question de savoir si les femmes sont plus compétentes que les hommes ou non, il faut privilégier leur accession aux lieux de pouvoir, en nombre et sur la durée.

Créer des ponts entre la sphère militante et la sphère politique (ou institutionnelle)

Penser le féminin en politique, c'est remettre sur le devant de la scène des pratiques politiques longtemps occultées par l'idée que le pouvoir doit s'incarner de façon individuelle et que les comportements politiques sont strictement électoraux. Pourtant, l'investissement collectif est aussi une manière de faire de la politique. La situation dans laquelle nous sommes actuellement, marquée par une désaffection généralisée vis-à-vis de la politique, nous pousse à reconsidérer le militantisme associatif ou l'action collective et locale comme une voie, certes modeste, de reconstruction et de repolitisation.

L'ensemble de l'expertise sociale et féministe dont nous disposons et dont nous avons besoin aujourd'hui s'est souvent développé en dehors des institutions et partis politiques. Cela dit, les deux sphères sont interdépendantes : les militantes ont besoin des politiques pour convertir leurs luttes en objectifs de politique publique, et les politiques ont besoin des militantes pour comprendre les enjeux et mettre en place les réformes adéquates et efficaces, ce qui semble impossible sans une expertise de terrain. Or, si l'on veut influer sur les politiques publiques et changer les règles du jeu, il est nécessaire de créer des ponts entre ces deux sphères.

Si l'on va encore plus loin, au-delà de créer de simples ponts, il paraît nécessaire d'intégrer massivement des femmes dans les enceintes du pouvoir. Des femmes en capacité de faire des luttes féministes des projets politiques, des femmes qui portent des réformes et les inscrivent à l'agenda politique. Dans les faits, quelles sont les relations entre pouvoir politique et militantisme féministe ? Comment ces deux sphères cohabitent-elles et se nourrissent-elles mutuellement ?

Politique et féminisme, je t'aime moi non plus

Certaines femmes considèrent, à l'instar d'Hubertine Auclert, que les droits politiques, et par là la possibilité de prendre part à la décision publique, sont la clé de l'émancipation. Comme si, sans ce socle de droits politiques, il était impossible d'acquérir d'autres droits et une autonomie totale. D'autres estiment que leur combat doit se faire en dehors de la sphère politique et qu'il passe essentiellement par un changement d'état d'esprit et de société. C'est un peu le postulat de Simone de Beauvoir dans *Le Deuxième Sexe*, qui oppose à la nécessité politique une émancipation des femmes plus intime et personnelle. Certaines, enfin, pensent qu'un peu des deux est nécessaire et qu'il faut déployer ses efforts à tous les niveaux pour que les choses changent réellement.

La question de savoir s'il faut ou non investir le pouvoir politique est un serpent de mer au sein des milieux militants, et c'est peut-être LA grande question politique actuelle. La mondialisation et l'aveuglement d'un appareil politique qui persiste envers et contre tout à ignorer les profondes mutations sociales qui nous traversent actuellement rendent cette interrogation parfaitement légitime : la solution ne serait-elle pas d'agir à notre échelle avec l'assurance de voir nos actions, si petites soient-elles, avoir un minimum d'écho sur la vie de nos voisines et voisins ? C'est la fameuse « démocratie participative » dont même les institutions et les partis politiques tentent de s'emparer avec une souplesse toute relative et un succès pour le moins mitigé.

Les féministes ont toujours eu une relation ambivalente à la sphère politique. Dans les années 1970, les milieux militants se tiennent plutôt éloignés du pouvoir. On peut même dire que le mouvement féministe de la deuxième vague a en grande partie adopté une posture anti-institutionnelle. À cette époque, la priorité est de politiser les questions relevant de la sphère privée : la contraception, les violences, etc., et la question de la place des femmes en politique est finalement assez peu abordée même si elle est portée par certaines organisations comme le Conseil national des femmes françaises ou l'Union féminine civique et sociale[1].

Du côté du pouvoir politique, il y a une première tentative de rapprochement avec la mise en place d'un féminisme d'État à partir de 1974. Le premier secrétariat d'État à la Condition féminine est alors créé avec, à sa tête, Françoise Giroud. L'objectif principal est, à travers les actions pilotées par cette structure, de favoriser la condition des femmes dans le domaine professionnel. La question de la place des femmes en politique est donc prise en considération dans le cadre d'initiatives comme l'Année internationale de la femme en 1975, date à laquelle la France annonce que ses orientations pour la décennie des Nations unies pour les femmes (1976-1985) se structurent autour de la sphère professionnelle, de la famille et de la sphère politique. À la même époque, Françoise Giroud crée un groupe de travail dont l'une des préconisations principales est d'interdire de présenter plus de 75 % de candidates et candidats du même sexe sur les listes pour les élections municipales[2]. Quelques années plus tard, la question des quotas est reprise par Monique Pelletier, ministre déléguée à la Condition des femmes de 1978 à 1981. Le Conseil des ministres adopte en 1975 cinq mesures en faveur des femmes, parmi lesquelles figure la fixation d'un quota de 20 % de femmes minimum sur les listes présentées aux élections. Finalement, durant toute cette période, la question de la place des femmes en politique est davantage portée par le pouvoir politique institutionnel que par les milieux militants.

Dans les années 1980, les choses changent et la question de la représentation et de la participation politique des femmes est davantage traitée au sein des milieux féministes militants. Le terme « parité » est même repris par certaines militantes. Dans les années 1990, ce terme devient fédérateur pour les féministes et le dialogue entre les institutions et les milieux militants s'instaure véritablement. Laure Bereni, sociologue et directrice de recherche au CNRS, parle « d'intersectionnalité de l'espace de la cause des femmes », qui réunit différents domaines : étatique, partisan (commissions « femmes » des partis), syndical, académique, associatif[3].

Aujourd'hui encore, les relations entre féminisme et politique sont parfois compliquées. Certaines militantes que j'ai rencontrées préfèrent se tenir éloignées du pouvoir politique et leurs raisons sont souvent très différentes. D'aucunes considèrent que les pouvoirs publics ne font rien pour aider les femmes et que leur engagement est bien plus utile ailleurs, dans la rue, dans les associations ou dans les médias. D'autres se méfient de la récupération politique dont pourraient faire l'objet leurs combats. C'est cette méfiance qui a conduit les Colleuses à refuser de décorer le mur de Matignon à l'occasion de la présentation des mesures issues du Grenelle des violences conjugales. Les membres de ce collectif féministe qui lutte contre les féminicides et les violences faites aux femmes en collant des slogans sur les murs des villes de France et du monde entier ont décliné l'invitation qui leur avait été faite en rappelant au gouvernement qu'elles avaient été verbalisées quelques semaines auparavant pour avoir collé un de leurs messages… sur les murs de Matignon. À cette occasion, elles ont dénoncé l'hypocrisie du gouvernement via un communiqué de presse.

Madeline Da Silva, cofondatrice de Nous toutes et maire adjointe des Lilas, a bien connu cette méfiance : « Dans les collectifs militants, on te suspecte parfois d'être là pour récupérer de la popularité politique, il y a une grosse méfiance du politique. Moi j'ai fait mes preuves, mais par exemple, au début de mon mandat, je ne pouvais pas signer des tribunes parce qu'on en écarte, parfois à juste titre, les politiques pour éviter les tentatives de récupération. » Elle fait partie de ces militantes qui ont décidé d'investir la politique tout en restant militantes : elle n'a pas voulu choisir. Et n'envisage pas l'un sans l'autre : elle arrêterait la politique si elle ne militait plus, et elle ne serait pas arrivée en politique si elle n'avait pas milité avant. Pour elle, ses engagements politique et militant se complètent.

Quoi qu'il en soit, que les militantes féministes souhaitent ou non porter leur combat sur la scène politique, leurs actions ne sont pas toujours bien accueillies par les femmes et les hommes politiques. Comme il y a des militantes qui se méfient des politiques, il y a des politiques qui se méfient des militantes, voire qui les méprisent. De la même manière qu'il peut exister un féminisme d'État, l'antiféminisme d'État est aussi une réalité. Il vise à protéger, à travers les actions du gouvernement en place, le pouvoir et les privilèges des hommes face aux femmes. L'antiféminisme, qu'il soit institutionnalisé ou non, est très ancré dans les milieux politiques, certainement en raison du poids du patriarcat. C'est ce qu'ont révélé plusieurs études réalisées dans divers pays auprès de politiciennes et politiciens. Ces études montrent qu'il existe une certaine réticence, voire une hostilité, à l'égard du féminisme et des féministes, chez les hommes comme chez certaines femmes, peu importe leurs orientations politiques[4].

À cela s'ajoute le fait que, même en 2021, les médias n'aident pas au combat des femmes, ils contribuent au contraire à nourrir cette hostilité. C'est ce que dénonce très justement Titiou Lecoq lorsqu'elle analyse la différence de traitement médiatique entre Sandrine Rousseau et Yannick Jadot : « On construit aux femmes engagées une image médiatique de folles furieuses, on déforme leurs propos, on les traîne dans la boue. Même les hommes les plus odieux ne sont pas traités comme ça[5]. » Les militantes féministes ont souvent produit leur propre espace médiatique, et c'est encore le cas aujourd'hui, notamment chez la jeune génération qui investit très bien les réseaux sociaux, les podcasts et autres contenus numériques. Dans l'opinion publique, leurs revendications sont entendues et, malgré tout, elles parviennent à faire bouger les lignes médiatiques, parfois de manière spectaculaire. Cette fameuse libération de la parole dont on parle tant constitue un tournant majeur dans la lutte pour l'égalité. Les violences faites aux femmes, les violences conjugales et les féminicides ne sont plus traités par les journalistes comme de simples faits divers. Toutefois, dès que les revendications quittent la sphère purement sociale pour investir le politique, la contre-attaque est immédiate. Souvenons-nous de la une de *Valeurs actuelles* de mars 2020 : « Comment les féministes sont devenues folles ? » avec comme sous-titre « Les féministes préfèrent le foot féminin et demandent l'égalité aux WC » (*sic*). Le féminisme est systématiquement disqualifié avec une dialectique d'une faiblesse inouïe qui ne dépasse jamais vraiment le simple argument du manque d'humour.

Les féministes « casseraient l'ambiance en soirée », pour reprendre les termes de *Valeurs actuelles*. Dans le même ordre d'idées, le journal *Causeur* a, lui, fait sa une sur « La terreur féministe » avec la photo d'une femme portant une tronçonneuse. Notoirement non violent, le mouvement féministe est pourtant toujours accusé de violence, de « terrorisme ». Les féministes seraient des « folles », des « hystériques », des « féminazies ». La caricature est ridicule, elle n'en est pas moins préoccupante quand elle coupe aux citoyennes et, en l'occurrence, aux citoyens, l'accès à une parole construite pour ne plus donner à voir que des clichés qui sont, hélas, loin d'être inoffensifs. On ne peut pourtant pas dire que le féminisme soit un mouvement laissé pour compte, les journalistes ont aussi grandement contribué à sa visibilité et à son expansion, mais c'est là tout le paradoxe : surmédiatisées, les revendications féministes finissent toujours par être mises en doute et en accusation. La faute sans doute à une répartition des genres si forte et si polarisée que le caractère collectif de la lutte reste encore illisible pour certaines et certains.

Il arrive aussi qu'il y ait des gouvernements qui s'affichent proféministes mais qui prennent des décisions qui sont perçues comme antiféministes. C'est ce qui s'est passé en France avec la nomination de Gérald Darmanin à l'Intérieur alors qu'il était accusé de viol et celle d'Éric Dupond-Moretti à la Justice alors qu'il avait vivement critiqué le mouvement #MeToo. Ces deux nominations ont fait réagir de nombreuses militantes féministes qui les ont dénoncées de manière unanime. Caroline De Haas avait alors affirmé : « Nous sommes face à un gouvernement antiféministe[6]. » Pour justifier son choix, et histoire d'en remettre une bonne couche, le président de la République avait invoqué la présomption d'innocence et la « relation de confiance, d'homme à homme », qu'il entretient avec Gérald Darmanin.

Pour que les combats féministes soient plus efficaces, et les progrès plus rapides, il faut qu'ils soient portés à l'agenda politique. C'est pour le moment la seule manière de répondre à l'urgence de certaines situations, de sortir de l'idéologie pure et de rassembler les citoyennes et les citoyens dans une même quête d'égalité. La politisation du combat pour les droits des femmes permet aussi de couper court aux fantasmes antiféministes en remettant le débat dans une perspective collective. Cette politisation est d'autant plus nécessaire et urgente que, même lorsque les droits sont gravés dans le marbre via leur intégration dans notre corpus juridique, nous ne sommes jamais à l'abri d'un retour en arrière. Comme le dit très bien **Nadine Bellurot** : « Il faut se rappeler sans cesse que rien n'est acquis, nos droits et libertés sont très fragiles, les femmes doivent être très vigilantes sur leurs acquis et il faut sans cesse se battre pour avancer. C'est aussi pour cela qu'il faut éveiller la conscience des jeunes. »

À l'heure où les extrémismes veillent, la nécessité de créer des liens entre les associations et le politique est une piste intéressante, même si elle n'est pas très novatrice. Dans cette quête d'une plus grande horizontalité et d'une reconquête des électrices et des électeurs, cela apparaît même comme une nécessité.

Vers plus de collaboration ?

Pour accueillir les actions militantes au niveau institutionnel et permettre ainsi aux institutions de bénéficier de l'expertise féministe et des valeurs qu'elle porte, il faut que d'une manière ou d'une autre la sphère militante et la sphère institutionnelle coopèrent. Cette coopération peut prendre plusieurs formes : des corps intermédiaires ou des « relais » au sein des institutions ont par exemple un rôle à jouer. Cela peut aussi se traduire par une plus grande présence de militantes au sein des partis politiques.

Les associations avec un positionnement institutionnel sont d'excellents corps intermédiaires, selon **Clémence Pajot**, directrice générale de la Fédération nationale des centres d'information sur les droits des femmes et des familles (FNCIDFF). C'est aussi le cas des associations « institutionnelles », singulières dans leur composition car elles réunissent des acteurs institutionnels (ministères, collectivités locales, et d'autres) et des acteurs du monde associatif ou syndical. Elles offrent ainsi un espace privilégié de dialogue et d'échanges d'expertise entre les différents membres. Le centre Hubertine-Auclert, centre francilien pour l'égalité femmes-hommes, est un bon exemple de ce type de fonctionnement.

On pourrait croire que les ministres ou secrétaires d'État en charge des Droits des femmes sont, de par leurs fonctions, dans un dialogue constructif avec les militantes et associations féministes, mais la réalité nous montre que ce n'est pas toujours le cas, comme en témoigne Clémence Pajot : « Je crois aux alliances entre associations féministes et pouvoir politique, mais si certaines ministres nous voient comme des alliées, d'autres nous voient comme des opposantes politiques. »

Au-delà de la bonne ou mauvaise volonté des uns et des autres, le nerf de la guerre reste économique. Même si les personnes en place ont la volonté de travailler avec les militantes, elles manquent de moyens, financiers ou humains. Car, même avec la plus grande détermination et toute sa conviction, une ministre qui se retrouve sans budget ou sans une équipe compétente aura bien du mal à faire avancer concrètement ses idées. La question du financement des politiques publiques et des moyens mis en place pour aider les associations se heurte aussi au milieu économique lui-même, désireux de se faire bien voir sur un thème auquel l'opinion publique et donc les consommateurs et consommatrices sont favorables. À la fois proches du monde économique et du monde politique, les entreprises ont de l'influence et contribuent parfois à écarter les associations et militantes féministes. Et d'autre part, fort malheureusement, ces actions profitent souvent à des multinationales peu soucieuses des droits de leurs salariées. C'est le fameux « femwashing », qui fonctionne particulièrement bien depuis l'élection d'Emmanuel Macron, comme le relèvent les journalistes Maïlys Khider et Timothée de Rauglaudre : « Tout en s'entourant de l'expertise de cheffes d'entreprise et de hautes cadres du privé pour rédiger des projets de loi, l'équipe gouvernementale de M. Macron s'est coupée de certaines associations féministes traditionnelles[7]. »

Pour que les associations féministes aient plus d'influence auprès des responsables politiques, il faut donc qu'elles mènent des actions de représentation d'intérêts (lobbying). Aujourd'hui, lorsque l'on consulte le répertoire des représentants d'intérêts de la Haute Autorité pour la transparence de la vie publique, on voit que les associations, ONG ou fondations sont très largement sous-représentées par rapport aux acteurs économiques (19 %[8]). Et parmi ces associations, ONG et fondations, celles dédiées au féminisme sont assez peu nombreuses. Cette faible représentation s'explique essentiellement par le fait que les organisations féministes ont finalement des moyens financiers et humains trop faibles pour pouvoir mettre en œuvre des actions de lobbying ou de plaidoyer par rapport aux entreprises privées. C'est pourquoi ces dernières, qui en ont, elles, largement les moyens, ont un accès privilégié aux responsables politiques, et c'est aussi valable dans le cadre de la promotion des droits des femmes. Leur influence a ainsi plus d'impact que celle que peuvent exercer les associations féministes. Il suffit de voir le rayonnement médiatique et politique dont bénéficient des événements tels que le Women's Forum for the Economy and Society, surnommé le « Davos des femmes », où Emmanuel Macron avait déclaré, alors qu'il était encore candidat à la présidentielle : « Permettre aux femmes d'accéder aux responsabilités dans le domaine des affaires, dans le domaine politique, est absolument essentiel[9]. »

Face à la puissance économique des entreprises, il reste néanmoins un autre levier, qui consiste pour les féministes militantes à intégrer le pouvoir en accédant à des responsabilités politiques. Certaines militantes décident de faire ce choix en considérant, comme Alice Coffin, que « le système est masculin. Cela demande de changer les pratiques de l'intérieur, de les révolutionner par notre présence dans les sphères du pouvoir. On peut protester à l'extérieur des arcanes de l'État, mais tant qu'on n'aura pas une militante à la table du Conseil des ministres, ça ne bougera pas[10] ». Cette forme de « noyautage » est sans doute le plus efficace mais aussi le plus lent des moyens d'action.

Comme Alice Coffin, **Sandrine Rousseau** estime qu'il est nécessaire d'investir les lieux de pouvoir pour faire avancer la situation des femmes en politique : « Le seul moyen pour améliorer les choses, c'est de hacker le pouvoir avec des réseaux de discriminé·e·s. » Elle a aussi insisté sur la nécessité de s'imposer, lors de son « antimeeting » de campagne le 9 septembre 2021 : « Nous allons mettre nos corps dans cette présidentielle, vous ne pourrez plus faire de la politique sans nous. » Elle dénonce une classe politique qui cherche à empêcher l'émergence de femmes de pouvoir et elle sait de quoi elle parle, elle qui a commencé sa carrière politique en 2009. Sandrine Rousseau a aussi une expérience militante très importante et cette expérience déteint sur sa façon de faire de la politique. Elle est, comme beaucoup de femmes politiques, l'exemple parfait d'une forme de traduction politique du militantisme. Qu'elle ait réussi à s'imposer en peu de temps, à devenir une figure médiatique et reconnue dont les convictions pèsent dans les débats est un bon signe.

Comme elle, d'autres militantes, tout en conservant leurs activités au sein d'associations, ont investi le champ politique. C'est ce que raconte Madeline Da Silva : « J'ai décidé de ne pas choisir. Être une politique militante me recadre sans arrêt, ça me met des garde-fous ; et être militante politique, ça me donne une certaine forme de crédibilité institutionnelle. La conséquence de ce choix, c'est que j'ai une responsabilité double, à la fois à l'égard des électrices et des électeurs et des militantes et des militants, j'ai une pression permanente mais je me rends compte que tout est conciliable. » Pour preuve, Madeline Da Silva a été élue en 2014 mais se remet au militantisme associatif à la suite de l'affaire Baupin. Elle signe une pétition pour que les hommes condamnés pour violences soient inéligibles, après laquelle, en 2017, **Laurence Rossignol** a fait déposer un amendement qui a été adopté dans la loi pour la transparence de la vie publique. Pour elle, ça a été la révélation. C'est à ce moment-là que Madeline Da Silva s'est dit que l'associatif et le politique étaient compatibles et même très efficaces : « Il y a eu une espèce de réaction chimique et là j'ai compris que c'était possible », affirme-t-elle. Maintenant, elle considère même que son engagement militant lui a permis d'être davantage respectée dans le milieu politique. Elle a pu se créer une identité politique forte et obtenir plus de pouvoir.

Permettre aux femmes d'investir massivement le domaine politique

“Aujourd'hui, on n'a plus trop le choix. Les femmes parlent, les révélations fusent, les fétiches sombrent : on ne peut pas ignorer ce qu'il s'est passé. On voit se construire un féminisme non pas inconscient et acquis, mais actif et revendicatif.”

Diana Filippova

« Quelque chose cloche encore. » Cette phrase de **Diana Filippova** continue de me marquer, car elle montre bien la difficulté à appréhender les spécificités de la place des femmes en politique. Au-delà du sexisme ordinaire et des lourdeurs du système, il s'agit aussi d'un état d'esprit, d'une résistance au changement difficilement quantifiable. Et au milieu de tout cela, des discours contradictoires et des débats d'idées qui s'entrechoquent dans une cacophonie très peu productive. Faisons simple : comment agir pour qu'il y ait plus de femmes dans les instances politiques et qu'elles puissent y mener une carrière sereine et productive ?

J'ai déjà consacré plusieurs dizaines de pages aux freins que rencontrent les femmes dans leur carrière politique et je ne suis pas la seule à l'avoir fait. Il existe de nombreux ouvrages et autres articles sur la question, ce qui signifie non seulement que le challenge est énorme mais aussi que les échecs à y remédier ont été nombreux. C'est donc une révolution qu'il faut envisager, une révolution des mœurs, mais aussi une révolution des pratiques. J'emploie le terme « révolution » à dessein, car c'est bien de cela qu'il s'agit : prendre conscience que si l'on ne fait rien, rien ne changera jamais. Le féminisme n'est pas une utopie, c'est une nécessité, et c'est comme telle qu'il faut le penser.

Les femmes politiques que j'ai rencontrées en ont conscience, nous avons longuement discuté de ce qu'il serait possible de mettre en place, de leur épuisement aussi, de leur pessimisme. Sans une certaine forme de radicalité, sans une volonté politique forte et sincère, rien ne sera possible. Les lois sont déjà là, et quelque part, les solutions aussi. Mettons-les en application.

Renforcer la parité

> **"Les quotas, ce n'est pas l'idéal mais c'est nécessaire. Ce n'est pas suffisant mais c'est nécessaire et il faut bien garder ça à l'esprit."**
>
> **Céline Calvez**

Pour Laurence Rossignol, les lois sur la parité ont changé le paradigme, elles ont fait entrer les femmes politiques dans une autre ère. Elles ont créé les conditions pour « changer de division dans la compétition ». « J'ai vu la parité à 30 % et à 50 % et ça change tout, ces 50 %. Ça change l'ambiance.

En 2014, j'assistais à un Conseil des ministres paritaire et je me rappelle qu'un de mes collègues a fait une réflexion sexiste. Il s'est pris des regards tellement noirs de la part des femmes autour de la table qu'il n'a jamais recommencé. Quand vous êtes à 50 % et que vous êtes solidaires, ça marche. Mais lorsque vous êtes seule à faire des remarques, on vous traite de féministe de service, vous passez pour la fille pas drôle et au bout d'un moment vos remarques font partie du bruit de fond. »

Les lois sur la parité ont amélioré les choses mais elles n'ont pas bouleversé les mécanismes d'attribution et de répartition du pouvoir. La politique fonctionne toujours par cooptation et elle est organisée par ceux qui ont le pouvoir entre leurs mains. Dans les organisations politiques, encore aujourd'hui, les hommes continuent de tenir les postes clés. La parité constitue un outil pour lutter contre le sexisme en politique, mais Laurence Rossignol insiste sur la nécessité d'entendre la voix des femmes critiques à l'égard du système patriarcal : « Beaucoup de femmes en politique s'inscrivent dans une logique patriarcale de soumission au chef, mais il faut que les femmes soient féministes et solidaires pour que les choses évoluent vraiment. »

Les lois sur la parité peuvent avoir des effets pervers, on l'a vu. Cependant, les femmes que j'ai interrogées sont presque toutes d'accord pour dire que sans ces lois, jamais les femmes n'auraient intégré les institutions. « S'il n'y avait pas de quotas, il n'y aurait pas une seule femme en politique, ça c'est certain », m'a même confié **Aurélie Assouline**.

La politique des quotas est assez mal comprise en France. Au moment de la mise en place des lois sur la parité dans les années 2000, les responsables politiques, à droite mais aussi à gauche, étaient quasi unanimes : c'était scandaleux que les femmes ne soient pas recrutées pour leurs qualités propres.

Cela se passerait en effet ainsi dans le meilleur des mondes. Pour Laurence Rossignol, il est pourtant impossible de suivre la loi du marché politique : ce sont toujours des hommes qui sont choisis car ils peuvent assister aux réunions le soir, qu'ils font le siège dans les couloirs des personnes qui comptent, etc. « Et puis on le sait, c'est vrai pour la politique, c'est vrai pour l'économie, c'est vrai pour l'administration, que si vous n'imposez pas la présence de femmes, elle ne s'impose pas naturellement. Et une vingtaine d'années plus tard, la chose est mieux acceptée. À l'époque, les fameuses listes "Chabadabada", ça a beaucoup fait rire, ça a beaucoup fait sourire. Aujourd'hui, cela paraît aller de soi, et personne ne remet en cause le fait que des femmes soient présentes sur les listes à tous les niveaux. »

Même pour les femmes, les quotas n'ont pas été si simples à assumer. Certaines étaient un peu réticentes à la mise en place de lois imposant la parité. **Olivia Polski**, dont on ne peut remettre en cause l'engagement féministe, m'a avoué s'être sentie « un peu potiche » : elle considérait qu'elle valait autant que les hommes, qu'elle était capable de faire les mêmes choses qu'eux. Elle voulait être élue grâce à ses compétences. Rétrospectivement, elle l'admet : « Finalement, j'ai vu comment ça s'est passé : jamais ils n'auraient fait de la place aux femmes s'il n'y avait pas eu les quotas. J'en suis convaincue. »

Paula Forteza a connu le même cheminement intellectuel : « C'est en entrant en politique que j'ai commencé à me poser des questions sur le féminisme. Est-ce que je suis féministe, est-ce que je ne le suis pas ? Est-ce que je crois aux quotas ? » Sa première réaction a été de se dire qu'elle n'avait pas besoin d'aide. Elle avait envie d'être traitée comme les autres. C'est en s'investissant encore plus en politique qu'elle a compris : les injustices sont tellement marquées, tellement ancrées, que ce n'est pas à sa modeste échelle qu'elle pourra faire la différence. « Au niveau individuel nous sommes là à subir des dynamiques qui nous dépassent. » **Bérangère Couillard** n'a, elle, pas du tout d'états d'âme : « J'étais vraiment la caution femme. Et ça, je le sais ! »

Avoir des convictions et des idéaux ne suffit pas pour lutter contre un conditionnement vieux de plusieurs siècles, contre les discriminations et l'autocensure. Il faut des mesures de distorsion, compenser les obstacles imposés par la société. « Aujourd'hui, explique encore **Céline Calvez**, la vie politique ne serait pas ce qu'elle est s'il n'y avait pas eu la loi sur la parité il y a une vingtaine d'années. Après, l'idée, c'est qu'on se passe des quotas, mais pour l'instant on est obligé de passer par là. J'aimerais bien que dans quelques années on puisse se dire : on n'a pas besoin des quotas en politique. » Pour **Yaël Braun-Pivet**, il faut renforcer la parité et aller plus loin en sécurisant les avancées pour éviter un retour en arrière. Au vu des résultats spectaculaires grâce aux lois sur la parité, il est évident qu'on ne peut pas s'en passer : « Il faut statutairement, juridiquement, faire la place aux femmes parce que la place ne se fait pas toute seule, elle ne se fait pas naturellement. »

Pour l'heure, les quotas sont le seul levier efficace dont disposent les femmes. C'est une action claire et concrète régie par la loi. C'est ce que défend **Danièle Obono** en rappelant qu'il y a déjà des règles dans les organisations politiques mais qu'il est nécessaire de les rappeler et de les faire respecter. Aujourd'hui, au niveau des départementales et des régionales, l'obligation de parité ne concerne pas les fonctions. La députée de Paris estime que l'on devrait aussi penser la parité en termes d'égales fonctions : cela aboutirait, par exemple, à imposer des femmes présidentes de région. Il y a encore des mécanismes institutionnels que l'on peut affiner pour ne pas seulement se contenter d'une parité numérique, et ça devrait aussi être le cas à l'Assemblée nationale ainsi qu'au Sénat. **Marie-Pierre Rixain**, députée LREM et à la tête de la Délégation aux droits des femmes et à l'égalité des chances entre les hommes et les femmes, parle même de « mesures coercitives » : « Pour que les femmes soient prises au sérieux en tant que potentiel sujet politique auprès de la société, elles doivent être plus présentes et devenir de véritables rôles modèles pour les femmes, afin qu'elles puissent se projeter, mais aussi pour les hommes afin qu'ils ne remettent plus en question leur légitimité. »

La parité doit aussi être appliquée à tous les scrutins où ce n'est pas encore le cas. C'est ce que préconise Nadine Bellurot pour les communes de moins de 1 000 habitants. La députée Bérangère Couillard avait d'ailleurs fait adopter un amendement en ce sens afin d'imposer la parité pour les communes de plus de 500 habitants lors des élections municipales, mais cette disposition a été écartée au moment de la réunion de la commission mixte paritaire sur le projet de loi « Engagement et proximité ». Bérangère Couillard plaide aussi pour que la parité soit appliquée strictement lors des élections législatives. Elle propose pour cela d'augmenter le montant des amendes dont doivent s'acquitter les partis politiques en cas de non-respect de l'obligation de présenter autant de candidates que de candidats. Marlène Schiappa avait également annoncé qu'elle était favorable à ce type de mesures et proposait, en août 2019, de multiplier par cinq le montant des pénalités. Pour l'instant, rien n'a été fait[1].

Paula Forteza m'a parlé d'un mécanisme très intéressant qui permettrait de garantir une parité réelle. Par « parité réelle », je fais référence à la parité qu'il devrait y avoir à l'issue d'une élection, car aujourd'hui, même si les partis respectaient tous les obligations de parité au moment des investitures en investissant effectivement autant de femmes que d'hommes, rien ne nous garantit qu'il y aurait 50 % de femmes élues à l'issue du scrutin. Ce mécanisme dit « de parité réelle » est un correctif qui permet aux femmes d'occuper 50 % des sièges dans une assemblée élue. Il a été mis en place au Chili où, comme l'explique la députée des Français de l'étranger, le mouvement féministe a énormément contribué à la sortie de crise. Les féministes se sont beaucoup battues pour que l'Assemblée constituante, élue en mai 2021, soit paritaire. Elles ont travaillé avec un réseau de politologues latino-américaines qui ont imaginé un mode de scrutin pour qu'il y ait une parité non seulement au niveau des candidatures mais également au niveau des sièges. Les listes sont paritaires, mais si, à la fin, on n'arrive pas à 50-50, il y a une modalité d'ajustement, à la marge, afin de s'assurer que 50 % des sièges sont réservés aux femmes. L'ironie du sort a voulu que ce soit finalement les femmes qui laissent des sièges aux hommes[2]...

Il reste donc encore pas mal de chemin à parcourir pour que la parité soit une parité non plus quantitative mais qualitative. Outre la nécessaire parité de sièges, il faut aussi s'attaquer à la répartition genrée afin de s'assurer que les femmes aient bel et bien les mêmes responsabilités que les hommes ou du moins les mêmes capacités de responsabilités. Le Haut Conseil à l'égalité entre les femmes et les hommes (HCE) a émis plusieurs recommandations à cet égard. Il préconise notamment de remplacer certaines fonctions uninominales (présidence des régions, présidence des conseils départementaux, et ainsi de suite) par des binômes paritaires[3]. Françoise Gaspard avait même proposé de mettre en place ce système pour les élections législatives[4]. Pour **Clémentine Barbier**, ce système de binôme, grâce auquel elle a été élue dans son département, est une excellente idée qui permet de lutter contre l'invisibilisation des femmes en politique.

Le HCE propose aussi d'instaurer des règles paritaires au sein des assemblées parlementaires (Assemblée nationale, Sénat) aux postes de vice-présidence des assemblées et de nommer systématiquement un binôme paritaire de corapporteuse et corapporteur d'un projet de loi. Il propose aussi d'aller plus loin dans la parité au sein des partis politiques en ajoutant une obligation de parité dans les instances de direction et les commissions d'investiture[5]. Je laisse à Bérangère Couillard le dernier mot sur le sujet : « J'assume totalement être une "femme quota", j'ai pas de problème avec ça. »

Non-cumul des mandats

Pour le Haut Conseil à l'égalité entre les femmes et les hommes, « l'interdiction du cumul des mandats apparaît bien être un levier permettant une meilleure représentation des femmes en politique[6] ».

Grande spécificité française, le cumul des mandats consiste pour un responsable politique à avoir plusieurs mandats électoraux et notamment des mandats locaux conjointement à l'Assemblée nationale ou au Sénat. En 2012, 476 député·e·s sur 577 (soit 82 %), et 267 sénatrices et sénateurs sur 348 (soit 77 %) étaient dans une situation de cumul des mandats[7]. La loi du 14 février 2014 interdit l'exercice des fonctions exécutives locales (maire, président ou vice-président d'un conseil régional ou d'un conseil départemental, etc.) aux sénatrices et sénateurs et aux députées et députés. Ce dispositif est complété par l'interdiction d'exercer des fonctions dites « dérivées », c'est-à-dire par exemple d'être présidente ou président du conseil d'administration d'une société d'économie mixte. Ces lois ont eu un impact évident et immédiat sur le renouvellement de l'appareil politique puisque après les législatives de 2017, 38 % des députées et députés ont dû démissionner de leurs mandats. Les champions du cumul des mandats sont, sans grande surprise, des hommes. Comme le relève le journaliste Gabriel Zignani : « Sur l'ensemble des parlementaires en situation de cumul pendant la législature 2007-2012, 80 % étaient des hommes ; un homme député sur quatre cumulait au moins deux autres mandats, ce n'était le cas que de 6 % des femmes députées[8]. »

D'après le Haut Conseil à l'égalité entre les femmes et les hommes, un certain nombre de postes se sont ainsi libérés au profit des femmes : « À l'entrée en vigueur de la loi sur le cumul des mandats, 41 sénatrices et sénateurs élu·e·s ont démissionné pour se consacrer à leur mandat local. Ce n'est pas une surprise à l'heure où les hommes sont encore très majoritaires à avoir un mandat local. En cas de démission, suite à la loi du 6 juin 2000 qui instaure la parité pour le scrutin proportionnel de liste, la sénatrice ou le sénateur est remplacé·e par la seconde ou le second sur la liste. Aux élections de septembre 2017, 79,5 % des sièges à pourvoir étaient concernés par le scrutin de liste. Une aubaine pour les femmes qui occupent majoritairement la seconde place de la liste : la part de femmes au Sénat est désormais de 31,6 %[9]. »

Pour **Martine Chantecaille**, conseillère municipale et communautaire à La Roche-sur-Yon, on peut même aller encore plus loin en encadrant davantage le cumul des mandats : « On est dans une situation tellement inégalitaire, avec encore des fiefs, des barons, qui se transmettent leur fief par cooptation. Je crois qu'il faut encore encadrer le non-cumul en ne permettant pas le cumul des mandats locaux par exemple. Je suis frappée, pour les élections régionales, du nombre de députés qui candidatent et qui vont rester conseillers régionaux même s'ils ne sont pas têtes de liste. Mais pourquoi ? Un député a suffisamment de choses à faire et les mandats locaux, ça prend aussi du temps. Être vice-président d'une région ou d'un conseil départemental, si on veut le faire correctement et ne pas être complètement déconnecté de la société, il faut en faire un seul. »

Cette mesure, même si elle a eu des effets bénéfiques pour les femmes, est encore vivement critiquée, notamment par des députés et sénateurs qui souhaiteraient rétablir le cumul des mandats au motif que le non-cumul empêche les parlementaires d'avoir un véritable ancrage local… À chaque élection locale où l'abstention est importante – et les occasions n'ont pas manqué ces dernières années –, l'argument ressort. Les cumulards repentis sont même prêts à lâcher leur indemnité de maire (entre 991 euros et 2 139 euros brut par mois pour les communes de moins de 10 000 habitants[10]), mais pas celle de député ou de sénateur (7 239 euros brut par mois) pour pouvoir cumuler à nouveau. C'est ce qu'a proposé le sénateur centriste des Hauts-de-Seine et ancien maire de Meudon Hervé Marseille, dans une proposition de loi organique qu'il a déposée en juillet 2021 et qui a été adoptée par la Chambre haute le 12 octobre 2021. Il propose de prévoir cette possibilité de cumul uniquement pour les mandats de maire concernant les communes de moins de 10 000 habitants, soit 97 % des communes françaises.

Toujours dans cette logique de favoriser le renouvellement de l'offre politique, la question du non-cumul des mandats dans le temps pourrait également avoir des effets favorables pour les femmes. Cette possibilité avait été évoquée par Emmanuel Macron devant le Parlement réuni en Congrès à Versailles en juillet 2017. Le président de la République l'avait alors présentée comme une mesure devant être « la clé de voûte d'un renouvellement qui ne se produira pas sous la pression de l'exaspération citoyenne mais deviendra le rythme normal de la respiration démocratique ». À cette époque, le chef de l'État pensait que sa réforme constitutionnelle (comprenant la limitation des mandats dans le temps) pourrait être adoptée en un an, mais l'affaire Benalla est venue bousculer le calendrier suite à une suspension des discussions à l'Assemblée nationale. En août 2019, l'exécutif présente une nouvelle réforme intitulée « Pour un renouveau de la vie démocratique », où la disposition relative au non-cumul dans le temps est toujours présente : il est prévu que les parlementaires et les présidentes ou présidents des exécutifs locaux (communes, conseils régionaux et départementaux) ne pourront enchaîner plus de trois mandats successifs. Les textes ne seront finalement jamais inscrits à l'ordre du jour des assemblées.

Le non-cumul des mandats est fondamental dans le renouvellement de l'appareil politique et permet aussi de moderniser un peu l'imaginaire politique français – ces fameuses « baronnies » et cette politique politicienne où la carrière des uns et des autres passe avant l'intérêt général. C'est une manière de faire de la place aux femmes, d'envisager une vie politique plus dynamique et inclusive.

Systèmes électoraux et modes de scrutin

“Le scrutin majoritaire à deux tours sans introduction d’une dose de proportionnelle favorise la polarisation du pouvoir.”

Frédérique Dumas

Le système électoral a, lui aussi, une importance sur la représentation des femmes dans les instances politiques. Comme le relève une étude du Parlement européen, « il existe une forte corrélation entre le niveau de représentation des femmes et le système électoral. Les pays dans lesquels le niveau de représentation politique des femmes est le plus faible (Italie, Royaume-Uni, France et Grèce) ont soit un système mixte de représentation proportionnelle approchée (vote pour des listes présentées par les partis et répartition proportionnelle des sièges mais attribution de sièges supplémentaires au parti en tête s’il atteint un certain niveau ou seuil de voix) ou un système majoritaire », alors que « tous les pays d’Europe occidentale dans lesquels la proportion de femmes au Parlement est supérieure à 20 % ont adopté le système proportionnel[11] ».

Le mode de scrutin joue également sur la représentation des femmes. Le scrutin uninominal, où une seule personne est élue, ferme la compétition électorale et favorise les personnes déjà au pouvoir. Par conséquent, il n’encourage pas, ou très peu, le renouvellement de l’offre politique. Pour l’historienne et ancienne sénatrice écologiste Corinne Bouchoux, « tant que l’on conserve ce scrutin uninominal, ce sera très compliqué pour les femmes. C’est un scrutin machiste en soi, qui favorise ceux qui ont déjà le pouvoir[12] ». À l’inverse, le scrutin de liste permet plus facilement d'imposer la parité entre les femmes et les hommes. Ce type de scrutin garantit une certaine mixité. Il est encore plus favorable lorsqu'une alternance femme/homme est imposée sur la liste comme c'est par exemple le cas en France pour les élections municipales. D'après l'ONG Genre en action, « en règle générale, ce sont les scrutins à la proportionnelle qui sont considérés comme les plus favorables aux femmes, et les scrutins majoritaires qui sont les plus susceptibles de leur être défavorables[13] ».

Pour promouvoir les femmes en politique, il faut donc des listes et un système proportionnel, c'est d'ailleurs ce type de scrutin qui a permis aux Norvégiennes et aux Suédoises de s'imposer dans les instances politiques au cours des années 1970[14]. Malheureusement, cela ne garantit pas que les femmes accèdent aux plus hauts postes et aux plus hautes responsabilités. Ce sont des éléments intéressants mais insuffisants en eux-mêmes.

Le rôle des partis politiques

Même si ces dernières années ont été un peu cacophoniques, nous avons toutes et tous l'habitude de découper le paysage politique français en fonction des partis, de droite ou de gauche. Ces partis contribuent à la structuration de l'offre politique et ont les moyens nécessaires pour mener des campagnes et accompagner leurs candidates et candidats vers les victoires électorales. Ce sont aussi les principaux corps intermédiaires qui existent entre le peuple et les responsables politiques. On peut les considérer comme une sorte d'étape, souvent nécessaire, pour accéder au pouvoir. Et cette « étape » peut parfois se révéler particulièrement difficile pour les femmes.

On a vu comment les cadres de certains partis s'organisent entre eux pour investir des femmes sur des circonscriptions difficilement gagnables pendant les élections législatives, on a vu comment les partis préfèrent payer plutôt que de respecter les lois sur la parité, on a aussi vu à quel point il est rare pour les femmes d'accéder à la tête des partis politiques, à la notable exception de Marine Le Pen. On peut donc dire que les partis politiques ne sont pas de grands acteurs du renouveau politique et de la diversité. C'est fort dommage car ils sont en capacité de jouer un rôle clé pour l'émancipation des femmes. En tant que corps intermédiaires entre le pouvoir politique et le peuple, ils peuvent porter les luttes et faire en sorte de les inscrire dans le débat public et à l'agenda politique.

Les choix et les orientations stratégiques internes au parti sont certainement essentiels. Ce sont eux qui décident d'investir plus ou moins de femmes pour les différentes échéances électorales, ils peuvent aussi inciter les femmes à faire acte de candidature pour les investitures, comme l'a fait Emmanuel Macron avec son fameux « appel aux femmes ». Pour cela, ils disposent de nombreux moyens d'action de nature organisationnelle, éducationnelle et logistique : instaurer une « section féminine » en interne, former les femmes pour les préparer à la vie politique, prévoir des horaires de réunion conciliables avec la vie personnelle, etc.

Certains partis ont décidé de se saisir de cette question en mettant en place des mécanismes pour favoriser l'engagement des femmes. C'est ainsi qu'est né Toutes politiques, au sein de La République en marche. C'est à l'initiative de Bérangère Couillard, par ailleurs référente égalité femmes-hommes pour La République en marche, que ce programme a vu le jour. Comme elle le rappelle très justement, « l'égalité femmes-hommes est quand même la grande cause du quinquennat donc on se doit d'être à la hauteur ». Selon elle, le problème est double : une présomption d'incompétence pèse sur les femmes mais, plus grave encore, il est difficile de trouver des femmes désireuses de rejoindre leur formation politique. Afin de comprendre pourquoi, Toutes politiques a envoyé des questionnaires à des femmes en leur demandant les raisons pour lesquelles elles rechignaient à s'engager en politique. Les résultats distinguent trois éléments qui reviennent régulièrement. 1) Les femmes considèrent que c'est un milieu violent et misogyne, donc ça les fait fuir. 2) Elles pensent que c'est un engagement plus ou moins superflu où il y a beaucoup de parlotte et pas beaucoup d'action, et elles préfèrent se tourner vers des milieux associatifs, c'est plus concret pour elles. 3) Elles manquent souvent de temps et de moyens pour s'engager en politique et ne peuvent concilier l'agenda de leur famille et celui d'un engagement politique. Sur cette base, les objectifs du programme ont été définis ainsi que toute une série d'actions allant du mentorat à des séances de coaching en passant par des rencontres avec des femmes politiques.

Les mécanismes favorisant l'inscription de femmes dans les partis politiques peuvent être mis en place, mais tant qu'il n'y a pas une véritable volonté de changement, les résistances demeurent. D'après l'ONG Genre en action, « un système de quota n'atteint généralement son objectif qu'en fonction des procédures d'application. Si ces dernières ne font pas l'objet d'une volonté politique établie, tout quota, qu'il soit de 30, de 40 ou de 50 % restera vain[15] ».

Cette volonté n'émerge pas du jour au lendemain et elle est souvent le résultat de combats longs et intenses, comme en témoigne le processus de féminisation des partis politiques dans les pays d'Europe du Nord : « Cette augmentation de la représentation féminine n'est pas passée par un amendement constitutionnel ni par un texte obligatoire quelconque.

Elle doit être attribuée en grande partie à la pression soutenue que les groupes de femmes ont exercée à l'intérieur des partis et à celle du mouvement féministe en général. Les femmes se sont mobilisées et ont organisé une campagne en faveur de l'augmentation du nombre de candidates, et de candidates en position éligible sur les listes électorales[16]. »

L'inclusivité est une priorité qui apporte de la cohérence. Surtout pour les partis de gauche, dont l'appareil ne représente pas toujours l'électorat qu'il cible. C'est en tout cas le constat de Danièle Obono : « On reste un mouvement, même si notre objectif et nos stratégies visent à s'adresser à celles et ceux qui s'abstiennent dans les classes populaires, on n'est pas du tout un mouvement populaire. On est un mouvement de la classe moyenne, d'intellectuels, d'employés, c'est pas le Parti socialiste, mais il faudrait avoir une démarche véritablement inclusive, imposer ça et aussi changer les manières de faire. Quand je fais des interventions dans ma circonscription et que je me rends compte que les jeunes militantes et militants sont à 90 % des jeunes hommes, je me dis que non, ça ne va pas. »

La France insoumise va procéder à un audit pour voir combien il y a de femmes dans chaque instance, pourquoi il y en a qui sont parties, etc. Danièle Obono poursuit : « Il faut aussi faire un travail sur soi pour se dire : mais en fait, qu'est-ce qu'il manque ? Pourquoi aujourd'hui l'organisation reste-t-elle très peu inclusive, sans beaucoup de mixité, en termes de genre, d'inégalités socio et ethno-culturelles ? » Quand les principales figures d'un mouvement politique sont des hommes blancs ou des jeunes hommes blancs, cela montre qu'il ne faut jamais cesser de tendre vers une plus grande inclusivité et une plus grande diversité. Certaines élues LFI ont créé la Bande des insoumises pour montrer qu'il y avait plein de visages, de femmes très différentes, une vraie diversité et pour lutter contre le sexisme. Une référence au « Squad » d'Alexandria Ocasio-Cortez pleinement assumée.

Même si La France insoumise a la réputation d'avoir particulièrement bien pris le virage numérique, au niveau local, les fonctionnements restent assez traditionnels sur les manières de s'exprimer, sur les outils militants, etc. Pour Danièle Obono, les schémas sont encore « trop codés » et son parti peine à recruter de manière plus diversifiée. La question, ce n'est pas juste « Qu'est-ce qu'on dit ? » mais « Qui le dit ? ». Elle prône un travail plus collectif en interne : les élues et élus ne sont pas seul·e·s, il y a aussi celles et ceux avec qui elles et ils travaillent. Il ne s'agit pas de mettre une femme devant les caméras, il faut savoir qui écrit, qui produit, qui pense. Cette exigence-là, beaucoup l'ont mais de manière encore trop informelle. Il faut s'opposer à ce qu'un cabinet parlementaire ne soit composé que d'hommes. D'après Danièle Obono, c'est aussi une question de confiance avec les militantes et les militants. La véritable stratégie serait en réalité une révolution citoyenne. Et une révolution citoyenne, c'est le peuple aussi : s'implanter, s'organiser avec les gens.

La crise économique et la crise du Covid ont montré aux partis politiques que les secteurs professionnels et les catégories sociales les plus impactés ne sont même pas représentés dans leurs instances. C'est un enjeu fondamental qui dépasse la question spécifique des femmes, du féminisme, des personnes racisées, et ça va du tract qu'on rédige et de la vidéo qu'on fait au contenu de ce que l'on défend politiquement. La diversité n'est pas un affichage, c'est un projet et un programme politique.

Parfois, le renouvellement politique au sein des partis passe par des actions menées par des entités extérieures qui viennent apporter un nouveau souffle aux partis traditionnels en faisant émerger de nouvelles figures politiques, plus représentatives du peuple. L'exemple américain est à ce titre assez parlant. Les organisations Brand New Congress et Justice Democrats ont permis de faire apparaître, au sein du Parti démocrate, les élues progressistes de « The Squad » : Alexandria Ocasio-Cortez, Ayanna Pressley, Ilhan Omar et Rashida Tlaib. Leur succès, au-delà de leurs qualités individuelles, n'est peut-être pas le fruit du hasard. Elles représentent une certaine forme de radicalité dans leurs idées, notamment en termes de progrès social et écologique, face au discours bien léché qui domine au sein du Parti démocrate. Elles sont aussi sociologiquement beaucoup plus proches du peuple américain et leur présence marque l'effectivité d'un renouvellement politique.

Une autre possibilité pour les femmes est de s'engager dans les nouveaux partis, ceux qui ne sont pas encore « institutionnalisés » et où les hommes n'ont pas encore préempté tous les postes. La République en marche a été un important catalyseur pour beaucoup de femmes. De même, Place publique, le parti cofondé par Raphaël Glucksmann, Thomas Porcher, Claire Nouvian, Diana Filippova et Jo Spiegel, attire beaucoup de jeunes. Ou encore Génération·s, le parti de Benoît Hamon, qui a su fédérer un militantisme plus divers. Reste à savoir si ces nouvelles formations vont avoir la capacité d'investir les institutions parlementaires et surtout de sortir des effets d'annonce en réglant la question du plafond de verre. En ce qui concerne La République en marche, certaines élues de la majorité ne sont pas très optimistes. Quand on voit les photos du Conseil de défense, des cercles restreints de décision, elles ont parfois le sentiment que les vrais décisionnaires sont majoritairement, voire exclusivement des hommes. C'est doublement insultant parce que, en fait, même si elles réussissent à pénétrer la vie politique, finalement, avec le temps, elles ne sont en réalité pas capables d'aller au-delà de ça.

Cette question a refait surface au lendemain du lancement de la « maison commune » de la majorité, « Ensemble citoyens ! », le 29 novembre 2021. Le constat est sans appel, le mouvement est piloté à 100 % par des hommes : Richard Ferrand (président de l'Assemblée), François Bayrou (Modem), Édouard Philippe (Horizons) et le Premier ministre, Jean Castex. Une réalité qui fâche, même au sein de la majorité, comme en témoigne le succès qu'a reçu l'appel de Barbara Pompili pour plus de parité dans le mouvement. Afin de détendre l'atmosphère, Stanislas Guerini, le patron de LREM, a promis dans *Le Parisien* que « la parité sera[it] respectée sur la photo de famille ». Il n'a pas fallu attendre longtemps pour que cette phrase soit reprise et moquée sur les réseaux sociaux par les députées de la majorité. **Caroline Janvier** annonçait ainsi : « Quelle chance, on a le droit à la photo, je file chez le coiffeur ! »

Quelques jours plus tard, la situation s'est crispée lorsque Les Républicains ont annoncé investir Valérie Pécresse. Je me souviens des commentaires de certaines amies qui me confiaient en *off* : « Non mais là c'est la cata, cette histoire de plafond de verre est en train de leur péter à la gueule ! Ils ont laissé faire et ne nous ont pas écoutées et maintenant on risque de perdre une partie de notre électorat qui va se retrouver chez Pécresse ! »

La solidarité des femmes face au fratriarcat

Pendant quatre ans, une fois par mois, Jessica Bennett, *gender editor* au *New York Times*, et ses amies et collègues se sont retrouvées pour discuter des contraintes sexistes qu'elles rencontraient dans leur travail et des stratégies à adopter pour combattre le sexisme et l'autosabotage qui entravent les femmes dans leur vie professionnelle mais aussi personnelle. Elles l'ont appelé le Feminist Fight Club, une sorte de « girls club » fait d'entente et d'entraide. De cette expérience, Jessica Bennett a tiré un livre : *Le Fight Club féministe. Manuel de survie en milieu sexiste*[17]. L'entrée des femmes dans l'espace public, qu'il soit professionnel ou politique, ne va pas encore de soi. Isolées, mises en concurrence, les femmes ont longtemps eu du mal à s'organiser à la manière des hommes avec leurs fameux « boys clubs », alors même que l'entraide et la solidarité sont un élément central dans la réussite et la confiance en soi.

Sur ce sujet, les avis et les expériences des femmes politiques divergent. Si elles reconnaissent toutes la nécessité d'une plus grande solidarité, certaines l'éprouvent puissamment, là où d'autres se sentent encore très seules et vulnérables, voire parfois même menacées par leurs collègues et consœurs. Pour **Florie Marie**, l'absence de solidarité entre les femmes est évidente et c'est un de ses grands regrets. « J'aurais bien aimé qu'une femme de pouvoir, qui a des responsabilités, me prenne sous son aile, qu'elle fasse attention à moi, et pas être l'objet d'un certain nombre d'hommes, comme je l'ai été dès mon engagement, dès le début. D'être protégée par une femme, c'est quelque chose qui m'a manqué et que j'aurais apprécié : avoir l'oreille attentive d'une femme, pouvoir discuter ouvertement avec une femme, c'est un truc qui m'a énormément manqué. » Yaël Braun-Pivet partage ce ressenti : « Non, il n'y a pas trop de solidarité entre femmes... Il y a de la compétition. On sait que les places sont chères. Et je pense que cette compétition nous nuit. » Elle parle d'un « réflexe d'autodéfense » qui fait que les femmes ne s'aident pas entre elles, ne créent pas de cercles, de rencontres, de synergies, alors que c'est cet esprit de corps qui permettrait d'améliorer nettement leur parcours et leur carrière.

Pour d'autres au contraire, cette solidarité existe déjà. Martine Chantecaille le constate : « On a encore du chemin, mais je crois beaucoup à la sororité. Quel que soit le parti, de gauche ou de droite, il y a une sororité qui s'exprime face au sexisme. » Aurélie Assouline en a elle aussi fait l'heureuse expérience : « Tout ce que je faisais était repris par mes amis militants hommes, les femmes m'ont aidée à émerger et m'ont poussée sur le devant de la scène. »

Pour **Emma Antropoli**, c'est exactement cela, la sororité : faire en sorte que les femmes soient solidaires entre elles, qu'elles se portent mutuellement, créant ainsi ce qu'elle appelle un « effet domino » : « Quand il y en a une qui pèse, ça a un effet d'entraînement auprès des autres femmes. » Les élues de La France insoumise ont, elles, mis en place la Bande des insoumises, afin de créer une forme de solidarité pour que les femmes qui entrent en politique ne se disent plus : « Mais qu'est-ce que je fous là, ce n'est pas pour moi. » Paula Forteza et quelques collègues députées ont créé un groupe qu'elles ont appelé « Girls Club ». Elles avaient besoin d'un espace à elles, pour se dire des choses qu'elles ne voulaient pas nécessairement partager avec leurs collègues masculins. Ces échanges leur ont permis de prendre conscience de l'ampleur de l'invisibilisation des femmes politiques notamment dans les médias. Ce projet montre bien l'importance de ces espaces d'échange et de discussion dans la prise de conscience de certaines situations. Il n'est pas toujours simple d'analyser son propre ressenti, on a parfois tendance à ne pas voir les choses ou bien à les minimiser, mais lorsque votre expérience fait écho à une autre, puis à une autre, puis encore à une autre, c'est tout le système qui apparaît. Et parce qu'il vous apparaît plus clairement, vous avez déjà fait un grand pas dans sa compréhension et donc dans la stratégie à mettre en place pour le contourner.

Jill-Maud Royer insiste beaucoup sur la nécessité d'organiser l'entraide. La solidarité féminine est encore beaucoup trop informelle là où la solidarité masculine est plus structurée, presque institutionnalisée. La sororité n'est pas seulement un joli concept qui fédérerait les femmes autour d'une bonne tasse de thé aromatisée à la sacro-sainte bienveillance mais doit se structurer politiquement, en créant par exemple des espaces de discussion entre femmes au sein des organisations politiques. Valérie Pécresse[18] a proposé elle aussi de créer des réseaux d'entraide pour les femmes en politique. **Fiona Lazaar**, quant à elle, souhaiterait même voir émerger un système de marrainage entre des femmes récemment élues et des femmes qui ont eu des responsabilités politiques.

À côté de ces clubs, de ces cercles plus ou moins formels, les femmes s'organisent en associations ou en groupes de travail dont le but est ouvertement d'aider les femmes à vaincre les freins intérieurs ou extérieurs qui les bloquent dans leur carrière ou leur engagement. J'ai retrouvé dans ces associations et dans leur façon d'orchestrer leurs actions les mêmes préoccupations que celles dont m'ont fait part certaines femmes politiques : le désir de continuer à se former, d'apprendre, de soigner la manière dont on s'exprime. Parmi ces organisations, on peut citer Elles aussi, qui regroupe un réseau d'associations au niveau local et national et dont le but est de favoriser la parité dans toutes les instances. Ou encore Élues locales, un espace où les élues peuvent échanger autour de leur expérience et s'organiser en réseaux localement. Élues locales offre aussi la possibilité de suivre des formations comme « Renforcer son leadership » ou bien

« Maîtriser les techniques de communication politique ». Politiqu'elles, fondée en 2013 par Fatima El Ouasdi, met l'accent sur la lutte contre le sexisme en proposant, entre autres, des conférences sur le cybersexisme. Emma Antropoli a créé Réseau femmes 93 dans le département de la Seine-Saint-Denis où elle est élue. Son objectif est de regrouper des femmes issues de toute la gauche afin de créer une sororité au-delà de l'appartenance à un parti politique. Un groupe de femmes a fondé Investies et rassemblé une soixantaine de femmes militantes ou élues pour susciter « les conditions d'émergence d'une nouvelle génération de femmes politiques ». Sur le site de l'association, on peut aussi lire : « Plus que jamais, des femmes engagées dans la société doivent investir leur place légitime au cœur des institutions. Prendre leur place, c'est prendre leur part aux défis qui détermineront les conditions de vie des générations futures. Les obstacles auxquels ces femmes font face sont encore trop nombreux, et exigent une mobilisation collective. » Pour l'instant, l'enseignement et les universités ne se sont pas encore emparés de la dimension féminine du leadership politique, contrairement aux États-Unis où l'université de Harvard propose à ses étudiantes un cursus appelé « From Harvard Square to the Oval Office ». Un objectif clair et précis.

Toutes ces initiatives, ces réseaux témoignent à la fois de l'isolement dont ont longtemps été victimes les femmes politiques, mais aussi d'une belle énergie et d'une solide ambition. Il ne faut pas avoir peur de dire cette ambition, de l'orchestrer, tête haute.

Créer des conditions favorables pour que les femmes puissent travailler et s'engager en politique

> **“Le travail politique tel qu'il est organisé n'est pas du tout fait pour des personnes actives. C'est fait pour des professionnels de la politique dont une partie du job consiste à déjeuner et à réseauter.”**
>
> **Fanny Hattery**

Le temps disponible, les moyens financiers nécessaires : ces éléments sont très importants lorsqu'on décide de s'engager en politique, et bien souvent les femmes n'ont le privilège ni de l'un ni de l'autre. Cet état de fait repose sur une répartition des rôles ancestrale dont l'infléchissement prendra encore fort longtemps. En 2021, les femmes continuent de partager leur temps entre la sphère publique et la sphère domestique, tandis que les hommes sont beaucoup moins contraints. Si l'on ajoute à cela le « folklore » de l'homme ou de la femme politique toujours sur la brèche, le temps du réseautage, les réunions à rallonge et à 18 h 30, la culpabilisation des mères, c'est une mission quasi impossible pour les femmes.

Pour les chercheuses Elvita Alvarez et Lorena Parini, « si l'on veut corriger une situation dans laquelle les femmes ont moins d'opportunités que les hommes de s'impliquer en politique, il faut changer la répartition des rôles sociaux entre les sexes. Notre modèle statistique suggère que la dénonciation et l'action sur la division sexuelle du travail sont un moyen de favoriser l'engagement politique des femmes. Car tout individu qui passe beaucoup d'heures à travailler dans la sphère domestique est moins susceptible de trouver le temps, l'énergie et les réseaux sociaux qui l'amènent à militer. Pour permettre aux femmes de militer plus et donc de peser plus fortement sur la vie politique, il est nécessaire d'agir sur les deux dimensions : leur ouvrir plus largement le monde du travail rémunéré, créer les conditions de leur accès à des postes hiérarchiquement élevés, et faire en sorte que l'investissement dans le travail domestique ne soit pas, comme il l'est encore trop souvent, leur devoir premier[19]. »

Dans cette perspective, Emma Antropoli milite pour un congé parental égal pour les femmes et les hommes, qui soit obligatoire, et pour un véritable service public de la petite enfance qui permette à toutes et tous d'avoir accès à des modes de garde. C'est un sujet d'égalité femmes-hommes mais aussi d'égalité territoriale : « Parce que quand nous, en Seine-Saint-Denis, on a des taux de couverture mineurs, ça ne laisse pas du tout la chance aux femmes de continuer à travailler, d'exercer des responsabilités, et c'est toute cette charge mentale domestique qui empêche aussi les femmes de pouvoir se projeter, d'aller plus loin et d'envisager de s'impliquer en politique. »

Il est aussi possible d'adapter les conditions de travail au sein des organisations et des institutions politiques, d'aménager les horaires de réunion pour éviter qu'elles se tiennent tard le soir afin de mieux concilier la vie politique et la vie personnelle. Certaines femmes préconisent aussi de mettre en place des crèches comme cela a été de nombreuses fois envisagé à l'Assemblée nationale depuis 1991, mais sans succès. L'ancienne ministre et députée socialiste Axelle Lemaire avait même proposé de fermer une buvette de l'Assemblée pour y mettre une crèche à la place… Inutile de vous dire que cette proposition n'a jamais abouti.

Ce changement de rythme n'est pas si difficile à mettre en place et certaines semblent déjà s'y employer. Diana Filippova me racontait qu'elle était très heureuse de travailler aux côtés d'Anne Hidalgo car celle-ci est extrêmement respectueuse des temps de vie et de la vie privée des collaborateurs et agents. Et, visiblement, les effets en sont extrêmement positifs. Ce respect n'est pas étranger – symboliquement, du moins – aux récentes nominations massives de femmes aux postes de direction, qui lui valurent à la Ville de Paris d'écoper d'une amende pour avoir nommé trop de femmes aux postes dirigeants. L'amende a depuis été annulée, mais le symbole est resté : la parité, disent-ils, c'est bien, mais pas au détriment des hommes. Les esprits sont encore très marqués par la vision sacerdotale de la carrière politique : c'est aussi une manière de se persuader de son importance.

Et c'est peut-être aussi cette notion de carrière qu'il faudrait revoir. **Johanna Roquet** suggère que c'est en sortant de la politique politicienne qui demande d'être à 200 % sur sa carrière politique qu'on pourra faire venir plus de femmes. « Les gens sont fatigués des politiques politiciens qui ne font que ça, qui ne sortent jamais de la politique. Je pense que le fait que nous les femmes, on est capables de garder une vie perso, c'est un vrai atout et ça répond vraiment à ce besoin-là. »

Tel qu'il est, l'espace politique est impraticable pour les femmes, bien sûr, mais aussi pour n'importe qui aurait une autre activité professionnelle. Il ne peut donc y avoir que des « professionnelles et professionnels de la politique » comme on dit, sans le moindre appel d'air venu de l'extérieur. C'est un cercle vicieux dont il faut sortir, comme me l'a fait très justement remarquer **Fanny Hattery** : « Cela pose un gros problème sur la manière dont on propose des lois et dont on légifère. Je vois des personnes arriver en position de responsabilités qui n'ont pas les deux pieds dans la vraie vie. Ça biaise encore plus les choses et c'est une reproduction sociale qui se mord la queue. » Il n'est pas seulement question d'adapter des horaires et des pratiques à un agenda féminin, de créer des crèches et des lieux de garde d'enfants, de sanctuariser des mercredis après-midi, mais bel et bien de changer la vision que l'on se fait de l'activité politique. L'espace politique doit être plus inclusif et plus accueillant pour que chacune et chacun puisse participer aux débats à sa mesure et fort·e aussi d'une expérience et d'une existence qui se jouent aussi au-dehors.

L'importance des rôles modèles

Le sociologue Robert King Merton définit le modèle comme « une personne dont le comportement, l'exemple ou le succès est ou peut être une stimulation pour d'autres personnes[20] ». Il doit y avoir une similarité entre la personne et son rôle modèle en termes de caractéristiques, de manière de se comporter et d'objectifs. Un individu est souvent inspiré ou attiré par un rôle modèle avec lequel il entretient un lien fort[21]. Aussi ces rôles modèles ont-ils une fonction fondamentale, voire décisive, auprès de certaines personnes dans leur vie personnelle ou professionnelle. Ils permettent de se projeter en s'identifiant. Ils contribuent ainsi à dépasser certains stéréotypes et à faire tomber des barrières, et c'est plus particulièrement vrai dans le domaine politique où, nous l'avons vu, l'autocensure et le manque de confiance en soi sont centraux.

Pour certaines de mes interlocutrices, avoir été inspirées par des femmes politiques a été décisif. Diana Filippova voulait absolument travailler avec une femme, c'était une des conditions de son engagement : « Plus jeune, les personnalités que j'admirais en politique étaient pour beaucoup des femmes. Cécile Duflot, par exemple, dont j'admirais et continue à admirer le parcours politique, le chemin intellectuel et de dirigeante d'ONG, et le culot bien sûr. Anne Hidalgo, ça fait très longtemps que je la suis et que j'aime ce qu'elle fait. Je trouve qu'elle a une vision extraordinaire et il y a plein de choses que j'admire chez elle. »

D'autres ont conscience d'incarner une sorte de modèle. Danièle Obono sait qu'en étant une des rares femmes noires en politique, elle a une responsabilité : « La dernière dont on ait parlé et qui était médiatisée, c'est Christiane Taubira, dans un autre contexte puisqu'elle était ministre. Mais ça se compte sur les doigts de la main. Ça expose à beaucoup de violence mais ça donne, pour plein de gens, une visibilité – et une identification qui pèse aussi, parce que c'est une grosse responsabilité et que ça peut aussi être paralysant. » Elle met en garde contre l'enfermement que cela représente parfois et contre l'injustice de cette situation, car il faut alors se montrer irréprochable et l'on ne vous pardonne rien.

Pour Marie-Pierre Rixain, c'est une question de crédibilité et de posture. Pour que les femmes existent aux yeux des électrices et électeurs et des citoyennes et citoyens, il faut qu'elles soient plus nombreuses, qu'elles apparaissent comme des modèles pour toutes et tous. Comme le souligne Olivia Polski, c'est la parité qui a consolidé la place des femmes en politique, en permettant à plus de femmes d'intégrer le monde politique et à ces femmes de devenir des rôles modèles. C'est un cercle vertueux qu'il faut continuer d'encourager. Il ne faut pas seulement qu'il y ait des femmes en nombre, mais aussi, pour casser le plafond de verre, qu'elles accèdent à des postes de haut niveau, on l'a vu. **Marisol Touraine** considère que sa carrière politique était aussi une manière de montrer que les postes avec des responsabilités importantes ne sont pas réservés aux hommes. Cette étape-là est encore loin d'être derrière nous.

Renforcer la place des femmes dans les médias

Parfois qualifiée de « quatrième pouvoir », l'industrie médiatique est un véritable levier d'influence pour les personnalités politiques. Comme l'a très bien formulé Jim Morrison : « Celui qui contrôle les médias contrôle les esprits. » Voilà encore un domaine où les femmes – et les femmes politiques en particulier – sont sous-représentées. En 2020, les femmes politiques ne représentent que 31 % des invitées et invités politiques, un chiffre en baisse de 2 points par rapport à 2019[22]. Elles sont non seulement sous-représentées mais même lorsqu'elles sont présentes, on les entend moins, comme le relève l'Institut national de l'audiovisuel (INA), qui a développé un outil spécifique permettant de distinguer si c'est une femme ou un homme qui parle lors d'une prise de parole[23].

Que faut-il faire pour que les femmes soient plus présentes et plus audibles dans les médias ? Céline Calvez, très mobilisée sur la question, a identifié plusieurs pistes. Il faudrait par exemple donner plus de marge de manœuvre au Conseil supérieur de l'audiovisuel (CSA) en matière d'accès aux données sur la représentativité femmes-hommes dans les médias. Il faudrait aussi renforcer les pouvoirs d'enquête de l'Autorité de régulation de la communication audiovisuelle et numérique (Arcom) pour qu'elle puisse enquêter sur la place des femmes dans les médias. Pour le moment, rien n'est contraignant, et par ailleurs, les services de l'Arcom s'appuient beaucoup sur les médias pour récupérer les données. Il serait donc judicieux de doter l'Arcom d'un peu plus d'indépendance. Autre solution, suggérée par **Émilie Cariou** : introduire une parité du temps de parole. Cela aurait un effet direct sur l'équilibre femmes-hommes au sein des partis politiques : il y aurait par exemple nécessairement plus de femmes porte-parole.

Mais avant toute chose, il convient de changer le traitement médiatique qui leur est réservé. Les médias ont pour responsabilité d'accompagner le combat pour l'égalité entre les femmes et les hommes. Tout propos ou attaque sexiste devrait être fermement sanctionné, ce qui n'est pas toujours le cas aujourd'hui dans un domaine où les hommes sont encore surreprésentés. Ainsi que le relève le Haut Conseil à l'égalité entre les femmes et les hommes (HCE) : « Les médias jouent un rôle essentiel dans la pérennisation de la culture politique sexiste[24]. » Le HCE a d'ailleurs émis deux recommandations fortes pour améliorer cette situation : créer un équivalent du rapport annuel du CSA pour mesurer les stéréotypes dans la presse, et publier un décompte spécifique, en période électorale, du temps de parole accordé aux femmes et aux hommes par semaine[25].

Sur ce sujet encore, on se rend compte de la nécessité d'accompagner des mutations sociales et des changements d'état d'esprit par des mesures fortes, parfois même coercitives, et par une plus grande visibilité des questions en jeu afin qu'elles nous deviennent familières.

Lutter contre le sexisme

Cette « publicité de la parole » est primordiale aussi dans la lutte contre les violences sexistes. Croiser les expériences, en parler, les rendre publiques est essentiel pour que cela ne soit plus considéré comme une vieille rengaine mais comme un combat majeur à considérer avec le plus grand sérieux.

Comme le dit très justement Martine Chantecaille, le fait de porter les attaques sexistes sur la place publique, y compris via les réseaux sociaux, permet de faire réagir l'opinion publique, qui condamne souvent ce type d'agissements. On l'a vu avec la robe de Cécile Duflot, ou encore avec le député de Vendée qui a hurlé « La poissonnière ! » à **Mathilde Panot** en plein hémicycle. C'est grâce à une vidéo que la conseillère municipale de Boulogne, **Pauline Rapilly-Ferniot**, a pu dénoncer l'attaque dont elle a fait l'objet lorsque le maire de la ville a volontairement coupé son micro en plein conseil municipal. Aujourd'hui, elle milite pour que les réunions du conseil municipal soient retransmises en direct : « On est certains que ça se passerait différemment si c'était en direct vidéo. » Cette fameuse vidéo avait fait le tour des réseaux sociaux et avait été reprise par de nombreux médias. Quelques mois plus tard, c'est Xavier Bertrand qui s'adonne à la même pratique en coupant le micro de l'élue écologiste Marine Tondelier en pleine réunion du conseil régional des Hauts-de-France, et rebelote, la vidéo est largement partagée sur les réseaux sociaux et par certains médias qui dénoncent le sexisme dont fait preuve le candidat à l'élection présidentielle.

Cette médiatisation est une révolution pour les femmes politiques, qui avaient plutôt l'habitude de pratiquer le « *never explain, never complain* » de peur de se victimiser et d'apparaître affaiblies. Dénoncer publiquement est une attitude qui est beaucoup critiquée, mais c'est nécessaire : cela attire l'attention du public sur certains comportements et des violences parfois si insidieuses qu'on ne sait plus tellement comment les appréhender, et qui laissent alors les victimes dans une profonde solitude. C'est d'ailleurs l'une des grandes difficultés auxquelles sont confrontées les femmes aujourd'hui : faire comprendre que si les choses ont beaucoup changé et qu'une ministre ne sera plus jamais accueillie par une banderole « On t'espère meilleure au lit », des résistances demeurent, d'autant plus puissantes qu'elles sont peu visibles. La dénonciation publique n'est ni de la délation ni de la victimisation, mais un rappel à la responsabilité de chacun.

C'est une responsabilité collective. En chaque homme ne sommeille pas un goujat ni un harceleur, en revanche l'entre-soi immuable, jamais remis en question confère un sentiment d'impunité même inconscient. Quand un jeune homme politique hurle à une députée qu'elle est une « poissonnière », c'est aussi clairement une conséquence de ce manque de discernement que provoque parfois le fait d'évoluer dans un univers aux codes si fermés et si rigides que personne ne prend plus vraiment la peine de réfléchir à la portée de ce qu'il fait et de ce qu'il dit. Cela étant posé, le plus important pour lutter contre le sexisme et les stéréotypes, même en politique, c'est bien entendu l'éducation.

Lutter contre les violences sexuelles et sexistes

Lutter contre les violences sexuelles est difficile. Il est pourtant urgent de s'y employer, car ces violences peuvent briser des carrières et dissuader certaines femmes de s'engager en politique.

Outre les cellules créées au sein de certains partis et de certaines institutions, et même si le fonctionnement de ces cellules est loin d'être parfait, d'autres mesures pourraient être mises en place pour stopper ces violences. Le Haut Conseil à l'égalité entre les femmes et les hommes préconise notamment d'étendre les missions de la Haute Autorité pour la transparence dans la vie publique à la question du respect de l'éthique en politique et d'instaurer une peine d'inéligibilité pour les élues et élus condamné·e·s pour des violences sexistes et sexuelles[26]. Marie-Pierre Rixain recommande aussi de prévoir une formation obligatoire pour les députées et députés dès leur prise de fonctions. Cette formation porterait sur le harcèlement moral ainsi que sur les violences sexuelles et serait assortie d'un contrôle des connaissances. De nombreuses femmes politiques y sont favorables, à l'instar de Mathilde Panot.

Pour lutter contre les violences au sein du Parlement, Juliette Clavière, experte à la Fondation Jean-Jaurès, a émis sept propositions :

— faire en sorte que la lutte contre le harcèlement sexuel soit reconnue institutionnellement par son introduction dans le règlement de l'Assemblée nationale ;
— créer une structure *ad hoc*, indépendante et pluraliste, chargée exclusivement de la lutte contre le harcèlement et du traitement des cas dont elle a connaissance ;
— expérimenter la mise en place de conseillères et de conseillers « de confiance » au sein des groupes parlementaires, chargés de recueillir la parole et d'accompagner les victimes ;
— octroyer des moyens supplémentaires, notamment en matière d'interlocuteurs médicaux ;
— mettre en place une procédure spécifique de sanctions avec la création d'une formation du bureau de l'Assemblée nationale pour l'examen des cas visant un parlementaire en permettant la présence de représentants du corps médical, des services juridiques, voire d'associations spécialisées ;

— renforcer les actions de sensibilisation auprès des élus, des collaborateurs et des fonctionnaires ;
— faire le choix de la transparence sur les chiffres concernant le harcèlement sexuel[27].

Plus récemment, les membres du collectif #MeTooPolitique ont proposé aux cadres politiques de prendre les engagements suivants :
— ne pas investir de personne mise en cause pour violences sexistes ou sexuelles ;
— ne pas donner de parrainage à une personne mise en cause pour violences sexistes ou sexuelles ;
— ne pas embaucher (équipe de campagne, équipe de collaborateur. ice. s…) une personne mise en cause pour violences sexistes ou sexuelles[28].

En plus de ces pistes de réflexion et de ces propositions, on en revient toujours à l'éternelle question : comment changer les mentalités ? Comme le suggère **Nelly Garnier**, « il est temps de déconstruire le mythe de l'homme politique séduisant, homme à femmes, dont la capacité à consommer des femmes est le reflet de sa capacité à convaincre les électeurs, à charmer la France. De la même manière que l'affaire Weinstein a mis fin au mythe des actrices bien contentes de coucher pour avoir un rôle, tuons le mythe de la militante qui offre volontiers une faveur sexuelle en échange d'une place sur une liste ou de la femme sans-papiers qui trouve son compte à coucher en échange d'un soutien à sa demande de régularisation ». Elle propose, pour lutter contre ce type de violences, de mettre en place, au niveau local mais aussi au niveau national, une commission présidée par une personnalité indépendante du pouvoir politique[29].

Il est difficile de changer des représentations aussi profondément ancrées en chacune et chacun d'entre nous et dont chaque élection, chaque débat nous montre la puissance. La nécessité d'une plus grande parité repose aussi là-dessus, c'est la possibilité de changer de paradigme, d'avancer avec notre temps et de faire preuve d'une plus grande souplesse pour affronter les enjeux qui nous attendent.

Il y a urgence à sortir de cette vision du pouvoir basée sur la domination et l'exclusion, urgence à laisser aux femmes la place qui devrait être la leur dans notre système politique, urgence à renouveler l'offre politique, urgence à agir parce que la situation est inacceptable, urgence à agir puisque rien ne justifie de maintenir le *statu quo*, urgence à agir parce que nous valons bien plus que ce que vous essayez de nous faire croire et que le mépris institutionnalisé d'une partie entière de la population ne devrait pas avoir sa place dans notre République.

Notes

PREMIÈRE PARTIE
L'histoire d'une exclusion

Tout commence un 21 avril 1944

1. LECOQ, Titiou, *Les Grandes Oubliées. Pourquoi l'histoire a effacé les femmes*, L'Iconoclaste, 2021.

2. PERROT, Michelle, « Oui, tenter cette expérience nouvelle », *Le Monde*, 25 janvier 2005.

Où sont les femmes ? Un état des lieux

1. https://www.haut-conseil-egalite.gouv.fr/IMG/pdf/hce_avis_parite_elections_senatoriales_v2.pdf

2. *Ibid.*

3. https://www.lemonde.fr/idees/article/2021/06/02/l-egalite-femmes-hommes-serait-elle-un-non-sujet-pour-le-nouveau-conseil-economique-social-et-environnemental_6082536_3232.html

4. https://www.elle.fr/Societe/News/Entretien-exclusif-Emmanuel-Macron-Je-ne-vais-pas-changer-de-Premier-ministre-3934126

5. https://www.haut-conseil-egalite.gouv.fr/IMG/pdf/vigilance_egalite_-_l_egalite_dans_la_reforme_de_la_haute_fonction_publique-2.pdf

6. https://www.liberation.fr/debats/2020/01/15/a-quand-l-egalite-homme-femme-a-l-ena_1773168/?redirected=1

7. https://www.vie-publique.fr/en-bref/281329-elus-locaux-la-part-des-femmes-augmente-celle-des-jeunes-baisse

8. https://www.mairesdefrance.com/m/article/?id=533

9. https://www.europarl.europa.eu/RegData/etudes/ATAG/2020/646189/EPRS_ATA(2020)646189_EN.pdf

10. https://www.francetvinfo.fr/politique/la-france-insoumise/parite-femmes-hommes-ces-partis-qui-preferent-payer-des-amendes-plutot-que-de-respecter-la-loi_3593085.html

11. https://www.politico.eu/article/lobbyists-france-parliament-hearings-by-the-numbers/

L'herbe est-elle plus verte ailleurs ? Quelques comparaisons internationales

1. https://www.unwomen.org/fr/what-we-do/leadership-and-political-participation/facts-and-figures

2. *Ibid.*

3. https://data.ipu.org/fr/compare?field=chamber%3A%3Afield_is_electoral_quota_women&structure=any__lower_chamber#pie

4. https://haut-conseil-egalite.gouv.fr/IMG/pdf/rapportparit13f8.pdf

5. CARLANDER, Ingrid, « La lutte inachevée des femmes scandinaves », *Le Monde diplomatique*, septembre 1995.

6. *Ibid.*

7. https://www.lefigaro.fr/flash-actu/2014/02/09/97001-20140209FILWWW00045-l-opinion-des-francais-sur-l-ivg-a-evolue.php

8. https://www.genreenaction.net/Ou-sont-les-femmes-en-politique.html

9. http://pages.eiu.com/rs/753-RIQ-438/images/democracy-index-2020.pdf?mkt_tok=NzUzLVJJUS00MzgAAAF-hz7sQDvvhBiHwC8jwBVEWqTPtc9t9iY58hit7mbM8hTnLup_wEksGB4GrPMZUrYAFBxRBQtJfb6x_GlSiA7tnVv03qav6zM5Ztxgdpc0JSwW0A et http://graphics.eiu.com/PDF/Democracy_Index_2010_web.pdf

10. https://www.francetvinfo.fr/monde/afrique/politique-africaine/8mars2018-au-rwanda-les-femmes-sont-majoritaires-au-parlement_3056195.html

11. https://www.cairn.info/revue-informations-sociales-2009-1-page-14.htm#no5

12. https://www.lemonde.fr/idees/article/2008/05/20/des-femmes-pour-l-europe-par-margot-wallstrom_1047287_3232.html

13. https://donnees.banquemondiale.org/indicator/SP.POP.TOTL.FE.ZS

DEUXIÈME PARTIE
Le combat politique des femmes

Les intruses

1. GASPARD, Françoise, « Du patriarcat au fratriarcat. La parité comme nouvel horizon du féminisme », *Cahiers du genre*, vol. 2, n° 3, 2011, p. 135-155.

2. ALVAREZ, Elvita, et PARINI, Lorena, « Engagement politique et genre : la part du sexe », *Nouvelles Questions féministes*, vol. 24, n° 3, 2005, p. 106-121.

3. *Ibid.*

4. https://www.csa.fr/Informer/Collections-du-CSA/Observatoire-de-la-diversite/La-representation-des-femmes-a-la-television-et-a-la-radio-Rapport-sur-l-exercice-2020

5. https://www.aday.fr/2021/03/08/observatoire-de-la-parite-dans-la-presse-francaise/

Dans l'arène

1. https://www.haut-conseil-egalite.gouv.fr/IMG/pdf/rapport_etat_des_lieux_du_sexisme_2019.pdf

2. LARRÈRE, Mathilde, et LORRIAUX, Aude, *Des intrus en politique. Femmes et minorités : dominations et résistances*, Éditions du Détour, 2018, p. 56.

3. DAAM, Nadia, « Pire qu'être une femme en politique, être enceinte au gouvernement », Slate, 19 août 2015.

4. https://www.francebleu.fr/infos/politique/pourquoi-la-deputee-nordiste-jennifer-de-temmerman-claque-la-porte-de-lrem-1573814227

5. https://www2.assemblee-nationale.fr/content/download/338982/3321387/version/1/file/Rapport+-+2020+-+version+finale_DIAN.pdf

6. https://www.facebook.com/chaircollaboratrice/

7. https://www.jean-jaures.org/publication/sept-propositions-pour-lutter-contre-le-harcelement-sexuel-au-parlement/

8. https://www.jean-jaures.org/publication/harcelement-sexuel-dans-les-assemblees-parlementaires-une-lutte-a-geometrie-variable/?post_id=16387&export_pdf=1

9. https://metooep.com/

10. https://www.liberation.fr/politique/harcelement-au-senat-jai-fait-confiance-aux-institutions-je-naurais-pas-du-20210830_NAGA6HZ2NJHEFHXCOWSY2JIU5M/?redirected=1

11. https://www.franceculture.fr/politique/lutte-anti-harcelement-les-politiques-entre-affichage-et-rodage

12. JÉROME, Vanessa, « Briser les silences dans les partis politiques ? », *in* BENBASSA, Esther (éd.), *Violences sexistes et sexuelles en politique*, CNRS Éditions, 2018, p. 27-32.

13. https://twitter.com/chaircollab/status/1462816038702178305/photo/1

TROISIÈME PARTIE
Plus de femmes en politique : une nécessité démocratique !

L'amélioration de la condition féminine est-elle subordonnée à une place accrue des femmes en politique ?

1. https://www.franceinter.fr/emissions/femmes-puissantes/arlette-laguiller-je-veux-bien-reconnaitre-que-j-ai-mis-un-petit-coup-de-pied-dans-la-fourmiliere

2. https://www.elle.fr/Societe/News/Entretien-exclusif-Emmanuel-Macron-Je-ne-vais-pas-changer-de-Premier-ministre-3934126

3. LEBOURG, Nicolas, « Les faiblesses du RN, les atouts de Marine Le Pen », *Le Monde*, 11 juillet 2021.

4. https://www.liberation.fr/debats/2017/05/03/feministes-unies-contre-le-fn_1567009/?redirected=1

5. https://theconversation.com/marion-marechal-lheritiere-qui-bouscule-les-codes-du-champ-politique-154524

6. https://www.youtube.com/watch?v=APXatt1iX1w

7. https://www.liberation.fr/france/2020/12/02/droits-des-femmes-giscard-a-su-saisir-une-evolution-de-la-societe_1799521/?redirected=1

Pour une politique féministe

1. https://www.lemonde.fr/festival/video/2018/11/09/christiane-taubira-nous-les-femmes-portons-en-politique-la-memoire-d-une-longue-histoire-d-oppression_5381451_4415198.html

2. https://www.lemonde.fr/idees/article/2021/01/16/covid-19-la-responsabilite-de-donald-trump-dans-l-hecatombe-americaine_6066492_3232.html

3. NAVES, Marie-Cécile, *La Démocratie féministe. Réinventer le pouvoir*, Calmann-Lévy, 2020, p. 120.

4. https://www.franceinter.fr/emissions/femmes-puissantes/femmes-puissantes-26-decembre-2020

5. *Ibid.*

6. *Ibid.*

7. https://www.haut-conseil-egalite.gouv.fr/IMG/pdf/opfh_parpo_t2-240912.pdf

8. https://www.unwomen.org/fr/what-we-do/leadership-and-political-participation/facts-and-figures

9. OCDE (2021), Confiance envers le gouvernement (indicateur). DOI : 10.1787/2f40018e-fr (consulté le 12 septembre 2021), https://data.oecd.org/fr/gga/confiance-envers-le-gouvernement.htm

QUATRIÈME PARTIE
Comment favoriser la place des femmes en politique ?

Créer des ponts entre la sphère militante et la sphère politique (ou institutionnelle)

1. BERENI, Laure, et REVILLARD, Anne, « Des quotas à la parité : “féminisme d'État” et représentation politique (1974-2007) », *Genèses*, vol. 67, n° 2, 2007, p. 5-23.

2. *Ibid.*

3. BIOY, Xavier, et FAGES, Marie-Laure (dir.), *Égalité-parité. Une nouvelle approche de la démocratie ?*, Toulouse, Presses de l'université Toulouse I-Capitole, 2013.

4. Pour l'Australie : Simms, 1993 ; l'Autriche : Nowotny, 1981 ; la France : Sineau, 1988 ; la Suède : Hedlund, 1988. DUPUIS-DÉRI, Francis, « L'antiféminisme d'État », *Lien social et Politiques*, n° 69, printemps 2013, p. 163-180, https://doi.org/10.7202/1016490ar

5. http://www.slate.fr/story/216774/rousseau-diallo-coffin-feministes-discredit-misogyne-permanent-traitement-mediatique

6. https://www.lesinrocks.com/actu/caroline-de-haas-nous-sommes-face-a-un-gouvernement-anti-feministe-171573-08-07-2020/

7. https://www.monde-diplomatique.fr/2020/12/KHIDER/62559

8. https://www.smart-lobbying.com/wp-content/uploads/2021/04/Observatoire-du-lobbying-edition-2021-Smart-Lobbying_correctif.pdf

9. https://www.monde-diplomatique.fr/2020/12/KHIDER/62559

10. COFFIN, Alice, « Perdre le confort d'être un homme », *Zadig*, n° 9, printemps 2021.

Permettre aux femmes d'investir massivement le domaine politique

1. https://www.la-croix.com/France/Politique/Parite-politique-Schiappa-veut-multiplier-5-amendes-2019-08-26-1301043299

2. https://www.lemonde.fr/international/article/2021/05/20/au-chili-la-parite-a-profite-aux-hommes-lors-de-l-election-de-l-assemblee-constituante_6080840_3210.html

3. https://www.haut-conseil-egalite.gouv.fr/IMG/pdf/hce_rapport_2015-02-26-par-015vf.pdf

4. LARRÈRE, Mathilde, et LORRIAUX, Aude, *Des intrus en politique*..., *op. cit.*, p. 172-173.

5. https://www.haut-conseil-egalite.gouv.fr/IMG/pdf/rapport_etat_des_lieux_du_sexisme_2019.pdf

6. https://www.haut-conseil-egalite.gouv.fr/IMG/pdf/hce_avis_parite_elections_senatoriales_v2.pdf

7. https://www.vie-publique.fr/eclairage/19374-le-cumul-des-mandats-electoraux-une-pratique-de-plus-en-plus-restreinte

8. https://www.lagazettedescommunes.com/542680/la-loi-interdisant-le-cumul-des-mandats-na-t-elle-pas-des-effets-nefastes-sur-la-parite-femmes-hommes-dans-la-representation-publique/

9. *Ibid.*

10. https://www.collectivites-locales.gouv.fr/institutions/le-regime-indemnitaire-des-elus

11. https://www.europarl.europa.eu/workingpapers/femm/w10/2_fr.htm

12. LARRÈRE, Mathilde, et LORRIAUX, Aude, *Des intrus en politique*..., *op. cit.*, p. 173.

13. https://www.genreenaction.net/Ou-sont-les-femmes-en-politique.html

14. https://www.monde-diplomatique.fr/1995/09/CARLANDER/6597

15. https://www.genreenaction.net/Pour-promouvoir-la-participation-politique-des.html

16. *Ibid.*

17. Bennett, Jessica, *Le Fight Club féministe. Manuel de survie en milieu sexiste*, Éditions Autrement, 2017.

18. https://www.lemonde.fr/politique/article/2020/03/02/en-france-l-omnipresence-du-sexisme-en-politique-perdure_6031474_823448.html

19. https://www.cairn.info/revue-nouvelles-questions-feministes-2005-3-page-106.htm

20. https://www.innovavenir.com/mag/actualites/decryptage-quest-ce-quun-role-modele

21. *Ibid.*

22. https://www.csa.fr/var/ezflow_site/storage/csa/rapport2020/index.html#page=1

23. https://www.franceinter.fr/emissions/l-instant-m/l-instant-m-du-jeudi-23-septembre-2021

24. https://www.haut-conseil-egalite.gouv.fr/IMG/pdf/rapport_etat_des_lieux_du_sexisme_2019.pdf

25. *Ibid.*

26. https://www.haut-conseil-egalite.gouv.fr/IMG/pdf/rapport_etat_des_lieux_du_sexisme_2019.pdf

27. https://www.jean-jaures.org/publication/sept-propositions-pour-lutter-contre-le-harcelement-sexuel-au-parlement/

28. https://www.metoopolitique.fr/?page_id=71

29. https://www.lemonde.fr/idees/article/2021/02/02/violences-sexuelles-il-est-temps-de-deconstruire-le-mythe-de-l-homme-politique-seduisant_6068430_3232.html

Remerciements

Je remercie toutes celles qui ont pris le temps de me raconter leur histoire, sans qui ce livre n'aurait jamais vu le jour.

Je remercie mes proches pour leur soutien et leurs encouragements.

Je remercie Camille Dumat et toute l'équipe des éditions Belfond pour leur confiance et leur énergie.

Je remercie les membres de ma communauté pour leur enthousiasme et leur bienveillance.

Table

Imprimé en France par CPI
en mars 2022

Composition et mise en pages
Nord Compo à Villeneuve-d'Ascq

FSC
www.fsc.org
MIXTE
Papier issu de sources responsables
FSC® C003309

L'éditeur de cet ouvrage s'engage dans une démarche de certification FSC® qui contribue à la préservation des forêts pour les générations futures.

Pour en savoir plus :
www.editis.com/engagement-rse/

N° d'édition : B49598/01
N° d'impression : 169087